日常の中の聖性

白百合女子大学キリスト教文化研究所［編］

教友社

目次

序　聖性のありかを尋ねて

本書は、白百合女子大学キリスト教文化研究所で二〇一五年から五年間にわたって「日常の中の聖性」というテーマで継続的に行われてきた研究プロジェクトの成果の一端をまとめたものである。

現代において「聖性」という語の内実が意識されることは、われわれの日常的な経験ではきわめて稀である。「聖なる」性質としての「聖性」とは、狭義の意味では本来、神のような超越的存在の属性に帰せられるか、あるいはその存在を前提もしくは背景として初めて語られうるものであろう。世俗化が極みまで進展した世界にあっては、現代人の日常はおよそ「聖なるもの」や「聖性」からは遠く隔たっており、「日常」と「聖性」は一見すると、相容れない対立するもののようにさえ思われる。

そもそも「聖性」とは、何を意味しているのだろうか。それが指し示しているものは、いったい何であるのか。研究会の発端は、研究所の運営会議の場に居合わせたある所員が「卑近な日常の中にキリスト教的な神への信仰や聖なるものへの感覚がどのように息づいているか」という趣旨の発言をしたことが始まりであったと記憶している。別の一人からは、日常に生きる超越や神秘に焦点を当てようとしたカール・ラーナー（Karl Rahner 一九〇四—八四年）の思索が紹介された。かくして、さしたる深い論議を経ることなく「日常の中の聖性」という研究テーマが設定された次第である。とはいえ、われわれが何かを問おうとするとき、そこには必ずその問いに意味と方向づけを与えるような何らかの予備理解が、すでに漠然としたかたちではあれ、含まれているのではなかろうか。そもそも何も分かっていなければ、人は問うことすらしないであろう。毎回の研究会では、発表者が考える「聖性」の予備理解のもと各自の専門を生かしつつ各々の立場からテーマに関して自由に探索し、その知見を思い思いに共有し合うやり方で進められていった。

ところで、宗教学の知見を借りるならば、「聖なるもの」はオットー（Rudolf Otto 一八六九―一九三七年）の著名な分析（『聖なるもの』*Das Heilige* 一九一七年）が示すように、宗教の基本的・本質的概念である。オットーは「聖なるもの」の性格として、人間に被造者感情を呼び起こし、賛美と魅惑、神聖さと荘厳さ、畏怖と巨怪さを伴うような戦慄すべき秘儀を指摘し、この非合理的な本質を「ヌミノーゼ」なる言葉で表現した。

ユダヤ・キリスト教の伝統を顧みるならば、人間は神の似姿として創造され、創造主である神の命に与ってその祝福のうちに生かされていること、また人間は、この神と倫理的・人格的な応答関係のもとに置かれていることが窺える。旧約聖書では「聖なる神」「聖なる方」という呼び方が頻出することからも明らかなように、「聖なる」は神の形容語として使われている。預言者イザヤは「聖なる、聖なる、聖なる万軍の主。主の栄光は、地をすべて覆う」（イザヤ書六・三）という天使の呼び交わす歌声に、自分は「汚れた唇の者」（同六・五）であると反応し、聖性を前にして自らの罪性や卑小さを意識している。しかし、この神の聖性は人間にも分け与えられる。「あなたたちは……聖なる者となれ。わたしが聖なる者だからである」（レビ記一一・四四）。新約聖書においても、「聖なる生活を追い求めなさい。聖なる生活を抜きにして、だれも主を見ることはできません」（ヘブライ人への手紙一二・一四）と、神の聖性に与かることが奨励されているが、それは「父から聖なる者とされた」（ヨハネ一〇・三六）キリストを通して実現されるという理解が、その根底にはある。すなわち、受難によって自らをささげたイエス・キリストが聖性の源であり、このキリストを通して開かれる人間と神との交わりのうちに、「神の御心は、あなたがたが聖なる者となることです」（一テサロニケ四・三）と願われているのである。

とはいえ、立場も関心も専門も異にするわれわれの研究会では、「聖性」を初めからこのようなユダヤ・キリスト教の文脈に位置づけて、その延長線上のみで論じるわけではない。むしろ各自の多様な関心のありように応じて、世俗化した現代社会の「日常」において、被造物である人間に神的存在の聖性のしるしがどのように刻印され、あるいは見出されうるのかという点を中心に、文学・芸術学・人間学・倫理学・宗教哲学・霊性思想・神学の諸領域から多方面にわたって追究されることになろう。例えば「聖性」は、詩や小説や映画というフィクションを通じて、現実を生きる有限なる他者や、死者たちの記憶を語り紡ぐ再現者や、聖なる愚者の人物像や、イメージによって喚起される美の残像によっても垣間見られる。一般の諸学問の知見から得られる「聖性」の諸相とその概念の多次元性は、ユダヤ・キリスト教における根源的な神との結びつきを通じて証示される聖化に立ち返りつつ、それを現代的コンテクストの中でよりダイナミックに開かれたものにするであろう。

生産性と消費の飽くことなき自己追求の果て、グローバル化に伴うテクノロジーと経済の歪んだ競争が地球規模での格差と貧困、生態系の危機を招来している現代世界にあっては、至るところで「聖なるもの」であるはずの命の尊厳が脅かされている。しかしながら、宗教的・文化的背景のいかんにかかわらず、すべての被造物がその命を汲み、共通に分かちもつ基盤となるところがあるのではないだろうか。そこにおいてこそ人間とその生、そしてわれわれの日常は「聖なるもの」にされているのではないだろうか。すべての人が「聖性」に向かって開かれており、「聖性」に結ばれるように招かれていると言っても過言ではないように思われる。人間のささやかな日常に、常にすでに寄り添い、臨在し、われわれを超えたところから風のように働きかけてくる見えない「存在」に接するとき、聖なるものの息吹に触れて、われわれの生が新たにされるのであろう。

本書の刊行にあたり、出版費用を補助いただいた白百合女子大学、また本学キリスト教文化研究所の運営を常日頃より支え、行き届いた編集実務を遂行してくださった研究所助手の田口博子氏、そして最後の出版に漕ぎつけるまで労を惜しまず、綿密な作業にご尽力くださった現所長の石井雅之氏に心から感謝を申し上げる。

二〇二〇年一月二五日

白百合女子大学キリスト教文化研究所前所長（研究プロジェクト代表・責任編集者）　釘宮　明美

第１章　カッパドキア教父ニュッサのグレゴリオス著作に見る日常の中の聖性
――家庭内での修道的生活と聖書解釈の実践――

海老原　晴香

はじめに――カッパドキア教父ニュッサのグレゴリオスについて

四世紀に現在のトルコ共和国の一地域にあたるカッパドキア地方ニュッサの司教を務めたとされるギリシア教父のグレゴリオス（三三〇頃―三九五年頃）は、共住型修道生活の創設者とされている兄のバシレイオス（三二八頃―三七九年頃）や、甘美な詩作品などで名高い友人のナジアンゾスのグレゴリオス（三二九頃―三八九年頃）とならんで、キリスト教教父学や教義学の分野で「カッパドキア三教父」と敬意をもって称される人物である。生前グレゴリオスは、異端に対する論駁的著作や聖書釈義的著作、キリストの教えを生きようと模索する求道者へ向けた修道的著作、書簡など比較的多くの作品を遺している。他の二人の教父と比べると近年に至るまであまり親しまれてこなかった人物だが、[1]一九世紀末頃以降、とりわけ二〇世紀に入って後は、数々の研究者たちがグレゴリオスの遺した著作への評価を表明し、いわく、「彼［グレゴリオス］は哲学者としても神学者としても他のカッパドキア教父たちを凌いだ[2]」、「より博学で、深淵である[3]」、「ことによると当時では最も多面的な才能を発揮した神学者だったかもしれない[4]」である。J. Quasten は「思索的な神学者、神秘主義者としては、彼が三人のうちで最も優れた才能を発揮したことは疑いない[5]」としており、現在では組織神学に加えて実践神学、神秘主義思想などさまざまな立場からの文献研究がほどこされるようになってきている。

ニュッサのグレゴリオスによる著作と向き合う中で、かねてより本稿執筆者の関心を引いてきたのは、作中に時折登場する女性たちの姿である。カッパドキア教会の創設者グレゴリオス・タウマトゥルゴス（Θαυματουργός「奇跡を行う人」、二一三頃―二七〇年頃）の著作に親しんだ父方の祖母マクリナ、修辞学教師の夫を支えながら九人の子どもたちを育て上げ、夫亡き後の半生は修道生活に身をささげていった母エメリア、生涯独身を貫くことを若き頃より決意した姉マクリナなど……。これら女性たちの人物像を詳細に探ろうとする場合、彼女たち自身は著作を遺すということがほとんどなかったために資料は決して豊富とはいえない。しかし、未だ異教徒も多かった古代末期にあって彼女たちこそ、グレゴリオスを日常において聖性へと導いていった存在であったことがうかがえる。グレゴリオスのキリスト者としての生は、彼女たちによる影響を受けてどのように豊かにされたのだろうか。以上のような関心から、ここでは特に姉のマクリナ（三二七頃―三七九年頃）と、オリュンピアス（三六一頃―四〇八年頃）という二人の女性の働きに着目しつつ、グレゴリオスの著作を紹介する。

一　四世紀ローマ帝国におけるキリスト者をめぐる状況

実際にグレゴリオスの著作を辿っていく前に、執筆背景となった当時のキリスト者の状況について、簡単に見ておきたい。

四世紀の小アジアから地中海沿岸地域に生きた熱心なキリスト者たちにとって、最も大きな関心事となっていたテーマとは、いかに自らの信仰を日々の生活の中で深め、真正なキリストの教えを社会に証していくか、ということであった。コンスタンティヌス帝（在位二七三頃―三三七年）によってキリスト教がローマ帝国の国教と定められた後の当時、帝国内にはキリスト教の洗礼を志願する者が急増した。志願した者の中には、キリスト者であることによって生活上の保護を甘受しようというような打算的な思惑をもっていた者も多かったとされている。(6)このような状況を背景に、自発的に受洗してキリスト者たることの意味と使命を真剣に模索した者たちの間では、家庭生活全体をキリストの教えに沿ったものへと変容させ、社会の中でのキリスト教的価値観の浸透を徹底していこうとする気運が高まった。具体的には、家庭において幼少時から聖書や教会の伝統になじませ、自己犠牲の精神と質素倹約を身に着けさせ、生活困窮者に寄り添う慈善、施しの心を学ばせることが徹底された。この時代の熱心なキリスト者家庭において、いわゆる世俗的な成功によって個人の名声と現世的幸福を最大限高めていくことよりも、キリストの言葉とわざにならった謙遜な精神と行い、他者に仕えて生きていく道の方が美徳とされ、養育・教育の目的も後者の生き方を追い求めていくことへと定められていったのである。(7)

彼ら敬虔なキリスト者たちは、平時において帝国の世俗的価値観に対して表立って反発していくような手荒な言動に出ることはなかったが、迫害や危機に直面した時には殉教によって信仰を証する精神を日々の生活を通じて養っていった。子どもたちは幼少時から家庭の中で聖書の内容に親しみ、祖父母の世代に起こったキリスト教迫害の実体験を聞いて育ち、迫害期のキリスト者たちがいかなる不屈の信仰をもって殉教を遂げたかを教えられた。そして、キリスト教の国教化とローマ帝国の保護により厳しい迫害と弾圧のもとで殉教者となることが事実上なくなった四世紀において、いかに信仰を証し、キリストの教えを広め、キリストが人々に示した愛を体現して生きていくか、ということを真剣に問いかけながら家庭生活を営んでいったのである。

二　ニュッサのグレゴリオスの姉、マクリナの徳

こうした状況の中でのマクリナやバシレイオスを含むグレゴリオス一家の歴史については、『聖マクリナの生についての司教ニュッサのグレゴリオスの手紙』[8]という著作（以下、『聖マクリナの生』と表記）に概略記されている。マクリナは、カッパドキアの熱心なキリスト者家庭四男五女の長女として誕生した。[9]「マクリナ」の名は、ディオクレティアヌス帝（在位二四五頃—三一三年）による迫害のさなかにもキリストへの信仰告白を表明してやまなかった父方の祖母[10]にちなんで授けられた、とされている。当時の状況を背景に、マクリナは幼少時から家庭の中で聖書に親しんでいたことが、以下の記述からうかがえる。

彼女［マクリナ］の母親［エメリア］は、彼女の教育を大変気にかけていたが、世間一般でのカリキュラム、すなわち、初等教育のほとんどを詩によっておこなう、[11]という慣例には従わなかった。というのも、柔軟で感受性の強い子どもの性質に対して、悲劇的な熱情——詩人たちに創作のきっかけとテーマを与えるような女性の熱情——や、下品な喜劇、あるいはトロイに降りかかった数々の不幸の原因となる事柄を教えるのは恥ずべきことであり、まったく不適切だと考えていたためであった。そのような女性の品位を貶めるような物語は、我が子の徳性を壊しかねないと考えたのである。

その代わりとして、聖書の中のいくつかの書は、幼い年代の子どもにも学びやすいものと思われた。とりわ

> けソロモンの知恵の書と、この他にも道徳的な生を支えるような書が、教えに組み込まれた。実に、マクリナにとって詩編の中で知らないところなどなかった。というのも彼女は詩編の一つ一つの節をいつでもふさわしい折に暗唱していたからである。ベッドで目覚めたときにも、やらねばならないことをするときにも、休憩のときにも、食卓につくときにも離れるときにも、床につくときにも祈るために起きあがるときにも、彼女はどこへ行く際にも良い旅のお供のように詩編集を持ち歩き、片時も手放すことがなかった。(12)

マクリナの卓越性を示すものとして、グレゴリオスはマクリナが一二歳の少女の頃のエピソードを語っている。(13)それによれば、彼らの父親はかなり早い段階から、マクリナの許婚として将来を有望視された若者を選んでいたが、彼はマクリナが一二歳の時に他界してしまった。マクリナは両親から再度婚約するよう強く求められたが、彼女はこの世での独身の道を選ぶ。彼女によると、誕生や死のように結婚は生涯で唯一のものであり、また亡くなった許婚は復活の希望のうちに神のもとで生きているため、不在の婚約者を裏切るようなことなど到底できない、というのであった。少女のこの主張に両親は異を唱えず、マクリナは生涯独身を貫くこととなる。当時の教会では「おとめ」の身分にある女性を尊敬する雰囲気があったこと、また未亡人の再婚を奨励しないこともあったという背景(14)を考慮すると、マクリナによる若年でのこの決断の強さは、神の前に正しい選びであったと共同体から評価されたことも想像するに難くない。グレゴリオスも実姉の決意を高く評していたことが、司教叙階前に執筆した『貞潔について(15)』（三七〇年頃執筆）の内容に示唆されており、そこで独身を守って生きることを奨励する彼の態度には、姉マクリナや、兄バシレイオスの影響が少なからずあったであろうと考えられる。(16)グレゴリオス自身は若い頃に結婚しており、どの程度まで修道生活に身を浸していたか明らかにされていないが、著作『貞潔について』は、貞潔の生活をおくる人々や、おとめ性を守って生きる女性たちへの賛辞に満ちた作品となっている。

著作『聖マクリナの生』には、前半部分でマクリナを中心としたグレゴリオスの家族の歴史が語られ、後半の大部分には、マクリナの危篤を知ったグレゴリオスがマクリナの暮らす共同体へと駆けつける場面からマクリナの死と葬儀に至るまでが描かれている。前半の家族物語で特に印象的なのは、家族の死に際してのマクリナの毅然とした姿である。

マクリナにはナウクラティウスという美しい弟がおり、修辞学を学んで才能を評価されていた。しかし、マクリナの働きかけもあって隠修生活を志し、自宅にほど近い森の中でかつての使用人クリュサフィオスと、身分的な格差を取りはらった修道生活を開始した[17]。彼らは身寄りのない病者たちのため、狩りや漁をして生活を支えた。ところがこうした生活の開始から五年後、ナウクラティオスはクリュサフィオスとともに奉仕をしているさなか、川に転落して亡くなってしまう。このとき、突然の訃報に悲嘆にくれた母親を支えたのはマクリナであった。その様子をグレゴリオスは次のように伝えている。

> そのとき、偉大なマクリナの徳は明らかであった。情念に理性を対立させ、彼女はつまずきから自らを支え、母親の弱さの防波堤となり、悲嘆の深淵から起き上がらせ、堅固で屈しない精神によって母親の魂を勇気づけた。……彼女は本性を超え、理性によって母親を立ち直らせ、忍耐と不屈の精神を示すことによって、起こってしまった事件を母親が超えられるようにした[18]。

「徳」と翻訳されたギリシア語の ἀρετή は、人間の生の歩みの完全性と関わる。マクリナの ἀρετή について理解を深めるべく、ここでグレゴリオスの ἀρετή 理解を簡単に確認しておきたい。ずばり表題に「ἀρετή について」と掲げられている晩年の著作『モーセの生涯』[19]より、ἀρετή についてのグレゴリオスの言明を引用する。

……徳［ἀρετή］に関して、その完全性のただ一つの限度とは、まさにそれが限度を持たぬということであることを、われわれは使徒から学んだ。というのも、思惟において大きくかつ崇高な、かの神的使徒パウロは、絶えず徳の道行きを走り、前に在るものに身を前伸させて、決して止まることがなかったからである。というのも、そうした道行きを停止させることは彼にとって確かなこと、安全なことではなかった。それは何故か。すべて善なるものは自己の本性上何の限定も持たず、ただ対立物が対照的に措定されることを通して、限定されてくるに過ぎないのである。……それゆえに、生命の終わりが死の始まりであると同じく、徳の道行きにあって停止してしまうことは、悪しき道行きの始まりとなってしまう。かくして、徳に関して、その完全性の把握がわれわれの為しうるところではないという言明は、偽りではない。というのも、限界によって把握され閉じられたものは、もはや徳ではないということが示されたのだから[20]。

すべて善なるものには限界がない、というのがグレゴリオスの確信するところであった。グレゴリオスにとって徳ある生き方とは、そのような限界なき善に向かって身を伸ばし、決して止まることなく前進し続ける動的な生き方を意味する。目指すものが無限である以上、その道行き全体がどのようなものであるのかをとらえ尽くすことはできない。限定し把握しうるようなものは、その時点でもはや「善なるもの」ではなく、それゆえに「徳の道行き」ではないからである。

……本性的に善なるものにはたとえ全き仕方で達することができなくとも……そうした善の一部分に与るだけでも、大きな益なのだ……それゆえ、われわれの受容しうるだけの完全性から全く離脱してしまうことなく、人間的探究に可能な限りでの完全性に達することができるように、最善を尽くすべきである。それはつまり、人間的本性にとっての完全性とは、おそらく善美により多く与ることを絶えず意志し志向することにあるのだから。[21]

家族の死に遭っても悲嘆におし潰されることなく、「つまずきから自らを支え」ると同時に「本性を超え」て「母親を立ち直らせ」たマクリナの生きる姿こそ、グレゴリオスにとって、神の「善美により多く与ることを絶えず意志し」、人間の歩みをまったき仕方で生き抜こうと志向する、徳ある生き方の模範であった。

三　マクリナによる家庭内での修道的生活の実践

この出来事の後、マクリナは母親とともに、家庭内にとどまりながらにして修道的な生活を開始する。そこでは使用人との生活水準を等しくし、住居や食べ物がすべて分け合われた。マクリナが母親へとひらいたこの修道的生活のありさまを、グレゴリオスは次のように描写している。

亡くなった魂が身体から自由になってこの世の気がかりから解放されるがごとく、彼らの生もそのようなことから引き離され、死すべき虚栄心と決別し、天使的存在のかたどりへと通じていった。彼女たちの間には怒りも、ねたみも、憎しみも、傲慢も、そのようないかなるものも見られなかった。名誉や名声やうぬぼれといったばかげたものに憧れる者は誰もなく、また他者を侮蔑するような者もなかった。そのようなことはすべて脇に追いやられた。節制こそが彼女たちの贅沢さであり、彼女たちの評判はどこにも知られていなかった。彼女たちの豊かさは貧しさの中にあり、この世のすべての裕福さはちりのように身体から振りはらわれた。……彼女たちの唯一の関心は神に関することであった。彼女たちは不断の祈りと絶え間ない賛美の歌を昼も夜もささげたので、それが彼女たちの勤めでもあり、また勤めからの休息でもあった。……彼女たちの存在は、人間と非物質的本性の境界にあった。[22]

マクリナは生活のすべてを神へと向け、たゆまぬ祈りと賛美によって日常のうちに（家族の死の悲しみのうちにも）働く神の摂理を見出したのであった。[23] マクリナが「天使的」な、「人間と非物質的本性の境界」にあるような「本性を超え」た仕方で、日常生活において母親や他の女性たちとともに「昼も夜も」営む祈りと賛美のうちに、グレゴリオスは神へと向かう聖性に満ちた修道実践を見たことだろう。

四　女性執事オリュンピアスによる著作執筆への導き

『聖マクリナの生』はキリスト教の聖人伝に分類されうるもので、キリスト教女性の伝記としては現存する最も初期のものの一つであるとされている。[24] 伝記の体裁をとってはいるものの、グレゴリオスは冒頭でこの著作がそもそも書簡であったことに言及しており、ここにオリュンピアスという女性が登場する。[25]

聖マクリナの生について、ニュッサの司教グレゴリオスよりオリュンピアスへ。

あなたは表題からこの作品が手紙であると考えているかもしれないが、むしろ大変長い物語へと展開した。弁解すると、あなたは手紙の範囲を超えるような主題について書いてほしい、と私に望んだ。いずれにしても、あなたはアンティオキアでの私たちの出会いのことを思い出すだろう。……私たちはあらゆる種類の事柄について話した（もっとも、あなたの言葉が議論を呼ぶような数多の主題を持ちかけたので、話し合いがじゅうぶんでなかったことには驚いたが）。そして、このようなときにしばしば起こることだが、私たちの話題は偉大な人物のことに向かった。私たちはある女性について語ったのである。ただし、かの人物を「女性」と呼んで差しつかえないのならば、だが。というのも、女性の本性を超える人物を、このような人間が作った名称で呼ぶのが果たして正しいのか、私にはわからないからである。[26]

オリュンピアスはもともと多くの財産を持っており、富裕な生活をおくっていたが、夫と死別後はその財産を手放し、コンスタンティノポリス大司教ネクタリオス（在位三八一―三九七年）によって女性執事とされ[27]、その次の大司教となったヨアンネス・クリュソストモス（三四七頃―四〇七年）を支えた、とされる人物である。ヨアンネスが宮廷の腐敗を糾弾したために追放された際には彼女もすすんで彼につき従い、ともに罰せられたというエピソードが伝えられており、その深い霊性によって当時の社会で女性キリスト者の鑑とされていた。[28]

傍線を付した二つの箇所は、オリュンピアスがグレゴリオスと対等な議論を交わせるような聡明な女性であったこと、そしてグレゴリオスとの共通の知人であるマクリナを「偉大な人物」ととらえる点で、彼女がグレゴリオスと共通の見解を持っていたことをうかがわせる。二つ目の傍線部にある「言葉」とは、ギリシア語原典中の λόγος ロゴスを文脈にしたがって翻訳したものである。「ロゴス」は初期ギリシア哲学時代には既に使用され始め、ヘブライ・キリスト教思潮を経て、教父哲学および中世哲学において涵養され、現代の（主に西欧世界の）諸思想にも影響を及ぼすほどに歴史を通じて広範に展開してゆく重要な概念である。ここでの「言葉」の意をはじめとして、「説明」「命題」など人間の理論的理性的な言語活動に関係する側面と、「法則」「理論」など宇宙・世界の成立根拠や秩序を意味する側面とをともに含み持ち、ヘブライ・キリスト教思想の影響のもとでは世界の成立と人間の生命の根源に働きかけて生かす神の御言葉・真理、さらにはそれによって実現する出来事をも意味することとなった㉙。四世紀という時代にあって、女性の発言に対して、グレゴリオスがこのような語を用いて評価している点は興味深い。λόγος が受肉した神の御言葉としてキリストに収斂することに鑑みるならば㉚、オリュンピアスとはキリストへの信仰によって霊的生命に満たされ㉛、λόγος を備えて理性的な判断・理論的な思索にも長けた人物であったことが示唆される。そのような女性のたっての希望により、グレゴリオスは実姉マクリナの生について筆を執る決心をした。この経緯について、グレゴリオスは次のように語っている。

あなたは、マクリナほどの生は時の経過とともに忘れられてしまってはならないから、彼女の数々の善い行いの物語は何らか有効に利用されねばならない、そして愛知によって彼女は人間の徳の最も高い頂点にまであげられたのだから、彼女の生は沈黙のうちに無視されたり無駄にされたりしてはならない、と提案してくれた。そのため、あなたに従って、彼女の生の物語を素朴でわかりやすい語りによって、できるだけ簡潔に書き遺すことは正しい、と私も考えたのである㉜。

前出の引用箇所とあわせて見ると、マクリナの「数々の善い行いの物語」、「生の物語」について人々のために記すことは、「人間の徳の最も高い頂点にまであげられた」人物について書き遺そうとすることであって、「手紙の範囲を超えるような主題について」語ることに等しいのだ、とグレゴリオスは弁明している。彼のマクリナに対する敬意と愛情がここでもうかがい知れると同時に、オリュンピアスの賢明さ、そしてマクリナの徳ある生涯を伝承しようとする強い情熱を感じることができる一節である。この短い一節から、少なくとも彼らの間では信仰生活に関わる活発な議論がごく日常的なこととして繰り広げられていたのではないか、と推測される。マクリナが慎ましくひたむきにおくった日常生活に宿る聖性は、オリュンピアスなる一人の女性の λόγος を通じてグレゴリオスに強く意識されるところとなり、はるか時を超えて多くの人々にもひらかれるべく書き遺されることとなった、ということができるだろう。

五　オリュンピアスによる旧約聖書『雅歌』解釈への招き

オリュンピアスは『聖マクリナの生』だけでなく、グレゴリオスの著作、特にその冒頭部分に幾度か登場しており、作品執筆の重要な契機を与える人物であったことをうかがわせる。[33] グレゴリオスによる霊的思索の集大成と目される最晩年の大作『雅歌講話』[34]（三九〇年頃執筆）冒頭にもオリュンピアスの名が言及されており、序論「プロロゴス」における彼自身の言葉によれば、この著作も彼女の希望を受けて著されたものである。グレゴリオスは彼女の熱意に応えるべく、旧約『雅歌』の解釈講話を試み、さらには教会に集う人々の援けを得て、著作にまとめあげることを決心した。ここで最後に、「プロロゴス」冒頭の彼の言葉を見てみたい。

ニュッサの司教グレゴリオスより、最も尊敬すべきオリュンピアスへ、主において挨拶する。

私は、あなたが面と向かって、そしてまた手紙を通して私たちに示した『雅歌』への熱意が、あなたの尊敬すべき生活と浄い魂にふさわしいものであることをよく理解した。熱意、とはテキストの深い流れを読みとる観想によって、言葉の奥に隠されている愛知があらわになるように、との願いのことである。その場合、この愛知は文字通りの意味から純粋な意味へと浄められている。そういうわけで、私はこの［『雅歌』の適切な観想によれば、文字通りの意味が浄められて言葉に隠されていた愛知が明らかになるという、オリュンピアスの］考えを、熱心に受け入れた。あなたの生き方に関し、あなたにとって何らか役に立つようにではなく、……むしろより肉的な人々のために、魂の霊的で、この世のものから引き離された状態へと、少しでも何らかの導きが生じること［を求めているためである］。そのような状態へと、この書［『雅歌』］は隠されている知恵の内に、またその知恵を通じて導くのである。(35)

オリュンピアスによってグレゴリオスに伝えられた「熱意」（σπουδή）とは、旧約聖書『雅歌』に記されているテキストを「純粋な意味」（ἔννοια）へと浄めることによって、諸々の言葉に隠された「愛知」（φιλοσοφία）を明らかにしてほしい、というものだった。φιλοσοφία とは「知恵を愛すること」であり、ギリシア哲学における知恵・真理探究を意味する一方で、教父の聖書解釈においては、テキストのうちにキリストとの出会いを求めていくことをも表している。(36) オリュンピアスは、『雅歌』のテキストのうちにキリストを通じた神との出会いをひらいてくれるように、とグレゴリオスに「面と向かって、そしてまた手紙を通して」（κατὰ πρόσωπον καὶ διὰ γραμμάτων）懇願したのである。そのような申し出を、グレゴリオスは「あなたの尊敬すべき生活と浄い魂にふさわしい」と評価し、賛同して受け入れるにいたった。それはグレゴリオス自身も、オリュンピアスの依頼を実行することによって、自らだけでなくたくさんの人々の日常の中に、聖書を通じて神との出会い、聖性の深まりが実現する、という希望を見通したからであろう。グレゴリオスは「私たちに」（ἡμῖν）、また「より肉的な人々のために」

（ἐφ᾽ ᾧτε τοῖς σαρκωδεστέροις）と語っている。ここに示される愛知の道行きは、オリュンピアスの浄い魂とそれにふさわしい提案によって、グレゴリオスのみならず、周囲の多くの人々の熱意をも喚起し、進められることとなったのである。(37)

むすびとして

ここでは、ニュッサのグレゴリオスによる著作を取り上げ、そこに登場する二人の女性に焦点をあて、彼女たちの働き、グレゴリオスとの関わりについてテキストを辿ってきた。グレゴリオスは、マクリナを「人間の徳の最も高い頂点にまであげられた」人物と記し、日常の中に聖性をひらき示す魂の導き手、キリスト者の徳ある生き方の範型として描き出している。

また、そのようなマクリナの記憶をグレゴリオスとともに共有し、「面と向かって、そしてまた手紙を通して」の活発な議論によって彼を鼓舞し、著作のかたちに紡ぎだす立役者となったのが、オリュンピアスであった。マクリナによって種をまかれ、育まれたグレゴリオスのキリスト者としての言葉（λόγος）の数々は、オリュンピアスなしでは公にされなかったかもしれないのである。グレゴリオスは、マクリナ、オリュンピアスというこの二人の女性たちによって、徳（ἀρετή）とフィロソフィア（φιλοσοφία）に向かう生き方へ招かれた。冒頭でも述べたとおり、彼女たちについて詳細に記す資料は少ないが、彼女たちのような神学者でないほぼ無名の女性たちが信仰史の表舞台を飾る教父たちの歩みを支えたことに思いをはせることは、意義深いといえる。

これまでニュッサのグレゴリオス研究において、女性たちとの思想的な影響関係といったテーマは主題的に取り扱われることがほとんどなかった。先述のとおり、女性たちの生活実践や思索活動については資料的な困難もあってか光が当てられる機会がなかった、というのが大きな理由の一つである。しかしそれ以上に留意すべきは、おしなべて四世紀当時の影響関係というものが男性から男性へ、あるいは男性から女性へ、というベクトルでしか考えられてこなかった、という点である。神学的思索にしても、その思索活動を基にした（あるいは、思索活動の基となった）社会生活実践にしても、著作を多数遺した教父たちがまず土台を築き、その教えに導かれて女性たちが活動を支えていく、という構図が言及され、女性側からの影響関係についてはテーマとして取り上げようとする試み自体がほとんどなかった。グレゴリオス研究においてもそうした傾向は否めず、バシレイオスやオリゲネスをはじめとしたアレクサンドリア教父たち、さらに遡るとすればプラトンやアリストテレス、といった人物たちからグレゴリオスへの思想的影響について指摘されることは常であるのに対し、女性たちからの影響について語られることはごく少なく、ましてや文献と照らし合わせて吟味されることはほとんどなかったと言ってよい。

そもそも、グレゴリオスによる作品のほとんどは、兄バシレイオスと姉マクリナの死を境に、精力的に書かれたものであるとされている(38)。彼は、一足先に司教となったバシレイオスによって聖職者に任命されるまでは修辞学教師の職に就いており、そちらで生計を立てていくことに何の不満も持ち合わせていなかった。しかしそのグレゴリオスも、聖書に親しみ、家庭を礎として修道的な生活を開始し、神への賛美と感謝の祈りを絶えず口ずさんだマクリナや、そのマクリナの働きかけで奉献者となり、死ぬ間際まで司牧と執筆活動を怠らなかった兄バシレイオスの姿に鼓舞されて、キリスト者としての生を全うすることを選んだ。

また既にふれたように、グレゴリオスの思索の集大成とされる最晩年の聖書解釈的著作『雅歌講話』は、グレゴリオスがオリュンピアスの勧めを受けて執筆を決意したという経緯があった。序文にあたる「プロロゴス」には彼女に対するグレゴリオスの並々ならぬ敬意を読みとることが可能である。このことは、当時の多くのキリスト者女性たちが日常的に聖書に親しんでいた可能性を示唆しているし、その女性たちの存在によってグレゴリオスの聖書解釈実践や思索活動が何らかの影響を受けた可能性がゼロでないことも示している。実際、グレゴリオスは霊的聖書解釈の方法を、オリゲネスに至るアレクサンドリア教父たちの著作での実践より大枠継承していることがうかがえるが、一方で、講話や著作をなすにあたって、アレクサンドリア教父たちによる解釈伝統からは説明できない独特な修正を行っていると感じられる部分もある。グレゴリオスが彼一流の聖書解釈を通じてひらこうとしたことは、高度に抽象的な神学思想にとどまるものではなかったのではないだろうか。当時、女性たちを中心として家庭内において実践され始めた共同での修道的な生活にも学びつつ、グレゴリオスは、聖書を読むことが日々の生活の中で実際にキリストに従い、神と出会うことへとつながっているということを、生き生きと主張しようとしたのではないか。以上のことからも、たとえ女性たちの姿が歴史の表舞台からは身を隠されがちであるにしても、グレゴリオスを思索と神学的思想形成へ導いたと目される人物たちに対しては、少なくとも等しく関心を向ける必要があることは間違いない。そうすることによって、著作に著された思想をこれまで以上に深く掘り下げるうえで重要なヒントがもたらされうることは、十分に考えられるからである。

註

(1) *The Fathers of the Church, A New Translation, Saint Gregory of Nyssa Ascetical Works (AW)*, trans. by Virginia Woods Callahan, Washington, D. C., 1967, Introduction, p. ix.

(2) B. Altaner, trans. by H. C. Graef, *Patrology*, Herder and Herder, NY, 1961, p. 352. ［ ］内は本稿執筆者による。

（3）J. M. Campbell, *The Greek Fathers (Our Dept to Greece and Rome, V34)*, Literary Licensing, NY, 2013, p. 62.

（4）H. V. Campenhausen, *The Fathers of the Greek Church*, Pantheon, NY, 1955, p. 109.

（5）*Patrology 3*, Westminster, MD, 1963, p. 254.

（6）当時、洗礼志願者であれば名目上キリスト者として帝国からの保護を受けることができたため、生活の利便性を求めて志願登録を行う市民も多数存在した。そのような人々の中には洗礼を受けないまま最期を迎える者も多く、こうした状況を危惧したことが、カッパドキア教父たちの集会などでの説教を洗練させていく一つの大きな動機となったことが指摘されている。Anna M. Silvas, *Macrina the Younger, Philosopher of God (MY)*, Medieval women: texts and contexts; v. 22, Brepols Publishers n.v., Turnhout, Belgium, 2008, p. 3.

（7）S. Mitchellは、四世紀当時のローマ帝国におけるこのような文化的思想的な転換について、とりわけニュッサのグレゴリオスらの祖父母を例に取り上げながら吟味している。*Anatolia: Land, Men, and Gods in Asia Minor*, 2 vols., Oxford University Press, Oxford, 1993.

（8）ΓΡΗΓΟΡΙΟΥ ΕΠΙΣΚΟΠΟΥ ΝΥΣΣΗΣ ΕΠΙΣΤΟΛΗ ΕΙΣ ΤΟΝ ΒΙΟΝ ΤΗΣ ΟΣΙΑΣ ΜΑΚΡΙΝΗΣ. 原典はEd. by W. Jaeger, J. Cavarnos, V. W. Callahan, *Gregorii Nysseni Opera Ascetica (GNO)*, *Gregorii Nysseni Opera Ascetica Vol III-I*, Leiden, E. J. Brill, 1952, pp. 347-414を、希仏対訳としてEd. by Pierre Maraval, *Vie de Sainte Macrine (VSM)*, Sources Chrétiennes No.178, Paris, Cerf, 1971を、英語翻訳としては*AW*, pp.161-191、そして*MY*, pp. 109-148を用いた。

（9）*AW*, Introduction, p. x.

（10）祖母マクリナが教えを受けたグレゴリオス・タウマトゥルゴスは、教父オリゲネス（一八五頃—二五四頃）の弟子であったとされる。A. J. Malherbe and E. Ferguson, *Gregory of Nyssa, The Life of Moses*, New York, Paulist Press, 1978, p. xv.

（11）ここでは、ホメロスの叙事詩に始まり、戯曲作品の内容を学んでいく当時のギリシア的初等教育のこと。

（12）*GNO*, p. 373.5-374.6, *VSM*, Ch. 3, pp. 148-150.［ ］内および傍線は本稿執筆者による。

（13）*GNO*, pp. 374-375, *VSM*, pp. 152-157.

（14）S. Elm, *Virgins of God*, Oxford University Press, 1994, p. 47.

(15) *GNO*, pp. 215-343. 英訳として、*AW*, 1967, pp. 3-75.

(16) *GNO*, p. 287を参照。

(17) ナウクラティオスは一家四男のうちの次男とされている。ナウクラティオスにまつわる物語については、*GNO*, pp. 378-381, *VSM*, pp.164-175.

(18) GNO, pp. 380-381, VSM, pp. 172-175, 傍線は本稿執筆者による。

(19) *De Vita Moysis*, H. Musurillo ed., *Gregorii Nysseni Opera Vol. VII, Pars I*, curvait W. Jaeger, H. Langerbeck, Leiden, E. J. Brill, 1964 (*De Vita*). *Grégoire de Nysse, La Vie de Moïse*, ed. J. Daniélou, Sources Chrétiennes No.1, Paris, 1987 (*La Vie*). 英訳としてA.J. Malherbe and E. Ferguson, *Gregory of Nyssa, The Life of Moses*, New York, Paulist Press, 1978。邦訳として「モーセの生涯」（谷隆一郎訳）、『キリスト教神秘主義著作集第1巻』、教文館、一九九二年。

(20) *De Vita.*, pp. 300C-301A. *La Vie.*, I-5, 6, pp. 48-51.

(21) *De Vita.*, pp. 301BC. *La Vie.*, I-9, 10, pp. 50-51. 傍線は本稿執筆者による。

(22) *GNO*, p. 382, *VSM*, pp. 176-179. 傍線は本稿執筆者による。

(23) グレゴリオスによるマクリナとの間でなされた哲学的問答『魂と復活について』の中でも、バシレイオスの死に打ちひしがれるグレゴリオスを、復活の希望と神のもとでの永遠のいのちを語ることによって励ますマクリナの姿が描かれている。*Sancti Gregorii Nysseni Opera Omnia46*, J. P. Migne, Paris, 1863, based on the Morellus edition of 1638, p. 11-160. 英訳として*The Fathers of the Church, A New Translation, Saint Gregory of Nyssa Ascetical Works*, translated by Virginia Woods Callahan, Washington, D. C., 1967, pp.195-272.

(24) *AW*, pp. 161-162.

(25) 実際にはオリュンピアス以外にも複数の人物名が本作の受け手として挙がっている。*VSM*, pp. 136-137, 訳注参照。本稿は、*AW*訳・編者であるV. W. Callahanおよび*St. Gregory of Nyssa, The Life of St. Macrina*, London, 1916を著したW. K. L. Clarkeに依拠している。*AW*, p. 163も参照。

(26) *GNO*, pp. 370-371, *VSM*, pp. 136-141. 傍線は本稿執筆者による。

(27) 「執事」(διάκονος) とは初代教会に生まれ、時代をおって整えられていき、監督・長老・執事、あるいは司教・

司祭・助祭という位階制度へと発展した職務の一つである。原義は「奉仕する」(διακονέω)者である(ロマ一六・一、フィリピ一・一、一テモ三・八―一三)。時代ごと、また現代でも諸教会ごとに職能の及ぶ領域理解には多少の相違が見られるが、初代教会では特に聖餐式での監督・長老(司教・司祭)の補佐や教会運営と管理、また社会的弱者の世話などに従事した。初期には運営上の要請と女性信徒への奉仕のために、あくまで補佐役ながらも女性の執事が多数活躍していたとされるが、男性中心の社会となるに従い衰退した。近年、諸教会で女性による多様な奉仕職の復興が議論されている。教父時代の執事と女性執事については次の文献を参照。J. G. Davis, *Deacons, Deaconesses and the Minor Orders in the Patristic Period, JEH XIV*, 1963, 1-15.

(28)『新カトリック大事典Ⅰ』研究社、一九九六年、九七三頁。

(29)『新カトリック大事典Ⅳ』研究社、二〇〇九年、一四四六―一四四八頁。

(30) ヨハ一・一―一八を参照。

(31) ヨハ六・六三を参照。

(32) *GNO*, p. 371, *VSM*, pp.140-143.　傍線は本稿執筆者による。

(33) *De perfectione*, *GNO*, pp. 143-214も参照。

(34) Ed. by H. Langerbeck, *In Canticum Canticorum, Gregorii Nysseni Opera Vol. VI*, curvait W. Jaeger, Leiden, E. J. Brill, 1960 (*In Cant*).　邦訳として『雅歌講話』(大森正樹他訳)新世社、一九九七年。

(35) *In Cant*, prologus, pp. 3-4.　[ ]内は本稿執筆者による。

(36) 大森他訳『雅歌講話』、二五頁、注三を参照。

(37) グレゴリオスが大きく影響を受けた古代アレクサンドリアの聖書解釈の系譜については、出村みや子「古代アレクサンドリアの聖書解釈の系譜——フィロン、クレメンス、オリゲネス」『エイコーン——東方キリスト教研究』第四一号、教友社、二〇一〇年、二七―四九頁。グレゴリオスの聖書解釈の特徴、手法については、拙稿「ギリシア教父による聖書解釈　ニュッサのグレゴリオスによる聖書解釈——霊的解釈を通じた人間の変容」『エイコーン——東方キリスト教研究』第四一号、教友社、二〇一〇年、五一―二六頁。

(38) マクリナはバシレイオスの死後まもなく病死したことがグレゴリオス自身の著作の中で伝えられている。彼らの死後一〇年の間に、グレゴリオスはバシレイオスが生前執筆途中であった著作(『人間創造論』、『創造の六日間(世界の創造について)』、『エウノミオス駁論』)の執筆を引き継いだ。兄が生前なしてきた活動への忠誠とそれを継続する責任の自覚が垣間見える一方、晩年の三九〇年以降は後代の研究者によって霊的著作とも称される聖書釈義的著作を執筆し(『モーセの生涯』、『雅歌講話』)、偉大な先達を尊重しつつもさらに乗り越えようとするグレゴリオスの気概がうかがえるとする研究者もいる。土井健司『神認識とエペクタシス』創文社、一九九八年、五九頁、注一三九参照。

第2章　忍耐の模範と論理

――ギリシア古典の伝統の場合のいくつかの要素――

石井　雅之

はじめに

忍耐ないし忍耐強さは、まさしく人間的条件の下で認められる徳であり、その善さにはつねに人間の限界がつきまとう。しかし、聖人が忍耐の模範とされるように、それゆえにこそ人が人間として聖性に与る証しともなる。

苦難を堪え忍ぶ人の姿に、そして、とりわけ愛によって苦難を堪え忍ぶ人の姿になんらかの善さを認めるとき、わたしたちはその善さの現れをどのように思い描き、また理解し説明してきたのであろうか。そのイメージと説明方式は、わたしたちにとって、直面する苦難が克服し難く、また耐え難いとき、受苦と善い忍耐の模範となり、また支えとなってきたものと思われる。

この問いへの答えを見出そうとするとき、キリスト教の伝統に関しては、愛と受苦・忍耐の模範ないし典型としての聖人およびイエス・キリストが当然注目されるところであるが、本稿では、そのようなキリスト教の伝統を比較対象として想定しつつ、ギリシア古典の伝統を取りあげる。そして、その伝統において、苦難を堪え忍ぶ人間の善さがどのように思い描かれ、また説明されてきたか、その重要な一部を現存テクストにもとづくかぎりで確かめてみることにする。

一　苦難と忍耐に関する基礎的考察と論題の定位

生きていく途上で苦難に直面しない人はいないと思われる。苦難は、当人が事態をどう受けとめるかによる差違を含みつつ、日々の生活の中で、大小さまざまなものとして私たちに立ち現れてくる。物的・経済的条件、自然的条件、社会的条件、人間関係、身体の状態等、さまざまな要因が苦難をもたらす。食糧難、経済的困窮、洪水・旱魃・大地震などの自然災害、種々の差別や制度の不備、いじめ・虐待・ハラスメント、種々の病気、事故による怪我等々、苦難の要因は多様であり、より具体的にとらえれば数えきれないほどである。

苦難はまた、それらの要因が直接影響をもたらす人にとっての苦難にとどまるものではない。誰か自分にとって大切な人が苦難のさなかにあることは自分自身にとってもやりきれない苦難となるのであり、愛する人の死は自らの受苦以上に耐えがたい苦難ともなるのである。

数々の苦難の中には比較的容易に乗り越えられる小さな苦難もあれば、全力で対処してもなかなか克服できない苦難、あるいは克服不可能な苦難もある。死の危険に晒されるような苦難もある。どれほどの苦難を、いつ、どれくらいのあいだ背負うことになるかは、各人の負わされた条件と当人の生き方によって大きく異なってくるところであるにしても、苦難に直面しないで生きていける人はいないと言ってよい。人間の生きる営みには、その隅々に至るまで、苦難の火種があると言っても過言ではない。

そこで、そのように人生に付きものである種々の苦難に対して、どう対処するのがよいのかが当然問われてくる。それは誰もが問う問いである。その問いに対して、苦難に対する立派な態度ないしは模範となる在り方が思い描かれたとき、そのような立派な態度・模範的態度をいつでもとれる状態は、人間にとって一種の「徳」として理解される。

ただし、どのような苦難に対してどのような態度をとることが立派だと評価するかについては、全面的に意見が一致してきたわけではない。また、苦難に対する態度としての徳がただ一つの徳目概念で把握しきれると考えられてきたわけでもない。日本語の語彙でいえば「忍耐」ないし「忍耐強さ」をその代表としうる概念は、諸々の文化・時代において、苦難に対する態度・能力としての徳の候補の一つとされてきたものといえようが、場合によって、忍耐することや忍耐しようとする態度には賛否両論が生じることも事実である。賞賛される場合もあれば、否定的に評価される場合もある。

とはいえ、人のなしうることには限界があるから、苦難の原因を除去することができるとはかぎらないし、また、人は不完全であるかぎり、受難していながら、忍耐を超越した境地に到達することも至難である。それゆえ、人には苦難を堪え忍ぶ態度が求められてくる事態がどうしても避けがたい。

忍耐はそのように人間的であるが、他面において、人が大切なものを守るために、あるいは大切なことを成就するために、あるいはまた大切な人のために、耐え難いとも思われる苦難を受けて立ち、それを堪え忍ぶとき、わたしたちはその人にいったい何を見るであろうか。

そして、この世の中にそのような人はけっして珍しくない。ある人は、自分自身が将来、財産、地位、名誉などを得るために、現在の困難に立ち向かい、耐えているであろう。またある人は、人を愛するがゆえに、かかわる相手の命を守るために、あるいは人としての尊厳を守るために、あるいはまた人の真の幸せのために、身を挺して困難に立ち向かい、堪え忍んでいるであろう。大切な子のためならどんな辛いことでも甘受する親は数えきれないほどいるにちがいない。また、血のつながりなどなくとも、ごく普通の人が、あるとき出会った人のために自らを犠牲にして困苦に耐えることを厭わなくなることだってある。[1]

忍耐に善さが見出され、忍耐できることが徳と呼ばれるのはどのような理由によるのか。一口に「忍耐」と言っても具体的な事態としては一様ではないわけだが、何らかの観点から種別が可能だとすれば、どのような種類の忍耐、どのような特性を伴った忍耐に善さが見出され、それが徳と認められるのか。本稿は、これらの点に関する思想の特殊研究となる西洋伝統諸思想の比較研究の一環として、ギリシアの古典思想の忍耐観の形成・継承・展開を、現存文献上注目するべき箇所にもとづいて浮かび上がらせる試みの一部となる。

ところで、忍耐の評価は、ただ理論的・抽象的になされるのではなく、忍耐する者たち、とりわけ忍耐を体現した代表的な人物[2]の在り方を吟味することを伴っている。人のなす忍耐評価は、当人が与る文化・教養における忍耐の代表者の心理分析及び人物評価を反映すると言っても過言でないと思われる。ギリシア古典の伝統においてもやはり、忍耐の代表的人物として受けとめられ、語り継がれていった人物がいたとみられる。

以下において、そのような人物としてオデュッセウスとソクラテスという二人を取り上げ、彼らの在り方ないし人物像がどのように思い描かれたかを、彼らの忍耐を伝えた基礎的テクストを要覧するとともに、その忍耐理解と人物像に影響を及ぼしたとみられるプラトンの解釈に若干の分析・考察を加えることによるかぎりで、素描的にとらえてみたい。

二　オデュッセウスの忍耐

二・一　『オデュッセイア』に描かれたオデュッセウスの忍耐とその心理

ホメロスの名のもとに語り継がれた叙事詩（前八世紀頃成立）の世界において忍耐は珍しいことではない。神々すら忍耐を求められる。たとえば、ヘーパイストスは、母である女神ヘーレー（ヘーラー）が、アキレウスの母テティスとの謀を危惧する物言いによってゼウスの怒りを買い脅されたとき、彼女に「我慢なさいませ（tetlathi テトゥラーティ）、おん母上、よし辛くともまず辛抱が第一のこと」(3)（『イリアス』第一巻五八六行）と進言し、また、息子アイネイアースを敵方の攻撃から救い出したことで、アプロディーテーが敵によって槍で刺されたとき、彼女の母である女神ディオーネーは、娘に「辛抱してね（tetlathi）、私の娘よ、辛いことではあろうけど我慢なさいね」(4)（同書第五巻三八二行）と説いている。後者の箇所では、女神ディオーネーは、鎖で繋がれたときの軍神アレースの辛抱（三八五―三九一行）、胸に矢を射込まれ「耐えきれないほどの痛みを受けた」ときの女神ヘーレーの辛抱（三九二―三九四行）などの先例をも挙げて諭している。

だが、聴衆の心にとりわけて「忍耐」と結びつけて思い描かれたのは、英雄オデュッセウスであったと推察される(5)。彼は、ギリシア悲劇では冷酷な男として描かれることもあるが、『オデュッセイア』においては、何よりも「知計」と「忍耐」を体現した主人公として描かれており、そのような人物像は語り継がれた主要な部分といえる。

オデュッセウスの名に冠せられたエピセット（epithet 形容辞）には、「知計に富む（polymetis ポリュメーティス）」などとともに、「忍耐強い（polytlas ポリュトゥラス／talasiphronos タラシプロノス）」（以下に引用する訳文では「辛抱強い」(6)）がある。「polytlas」のほうは、「神的な」を原義とする「dios ディーオス」と一緒に「忍耐強く高貴な」（以下に引用する訳文では「辛抱強くとうとい」）という定型句を成す。右にみたように、神々ですら忍耐するのであり、神々にとっても忍耐は美徳になりうるのであるから、「忍耐強い」ことは、「神的」であることと何ら違和感がなく、美徳として認識されている。

「忍耐強い」という意味をもつエピセットは、『イリアス』でも数回用いられるが（第八巻九七行など）[7]、『オデュッセイア』での使用はかなり目立つという印象を受ける（使用回数としては、筆者の数えたかぎりでは、二十四巻全体で polytlas が三十七回、talasiphronos が十一回である）[8]。「忍耐強い」というエピセットがそのように繰り返し用いられたのは、たんに音韻上・音節数上の理由にとどまるものではなく、各場面のオデュッセウスに関して実質的な意味が込められてのことであり、またそう受けとめられたにちがいない。

周知のとおり、『オデュッセイア』では、オデュッセウスが、トロイア戦争から凱旋する途上で数々の苦難に遭遇し、十年にも及ぶ漂泊の旅を余儀なくされたうえ、念願の帰郷を達成してもなお彼には苦悩の種が待っていたことが物語られる。彼が長い年月にわたり種々の苦難を堪え忍び、また乗り越えていく姿が生き生きと延々と語られているといえる。その旅路における彼にとっては、恥ずかしい思いをするくらいなら名誉のために気高い死を選ぶという選択はなく、生きのびてこそ達成しうる妻ペーネロペイアとの再会の望みを実現するためなら、恥を忍んででも、また、苦難に耐えつづけなければならないとしても、生きて目的を達成することが優先となる。

外的苦難に関しては、それを堪え忍んでも望みを達成しようとするオデュッセウスの態度を確認するために、彼が自分を愛してくれる海の女神カリュプソーに向かって次のように語る場面を想起しておきたい[9]。

さりながら私［オデュッセウス］としては、いつの日か家に戻って／帰郷のときに［妻ペーネロペイアに］あうことを、つねづね懐《おも》い待ち望んでいるわけなのです。／たとえばも一度、神々のうちの何方なりが、ぶどう酒色の海原で（私の船を）／うち砕こうと、苦難に堪える心をたもって、じっと辛抱してゆきましょう［tlesomai トレーソマイ］。[10]／これまでにもずいぶんいろいろ辛い目にあい、たんと苦労もして来ました、／波風にも戦いにも。それ故、後のも、前の苦労に附け加《た》しといて貰いましょう。（第五巻二一九—二二四行）

その後ようやく祖国の地が間近に見え渡るまでに至ったときにも、風の神アイオロスが帰郷を阻む暴風を封じ込めてくれた革袋を仲間が開けてしまったために、故郷から再び引き離されてしまったが、そのときもオデュッセウスは、「私は、／目を覚まして（これを知り）科《とが》もない心の中に、とやこうと思い惑うばかりでした、／船から外へ身を投げて、大海原で命を捨ててしまうがましか、／それとも黙って堪え忍び、なお生き延びている連中に立ち交わるかと。／でも結局はそのまま辛抱していくことにし[11]［…］」（第十巻四九—五三行）と言って、あくまでも辛抱して生き続ける意志を心のうちで確認している。

『オデュッセイア』では、アキレウスの亡霊にすら、「むしろ私は、他人に小作として仕え、畑の畔で働こうとも、まだ生きたがましと思っているのだ」（第十一巻四八九—四九〇行）と言わせて憚らない。これは、少なくとも帰郷・再会の望みの実現の可能性があるかぎりにおいて保持された、オデュッセウスの死生観を代弁するものとみてよいだろう。

オデュッセウスは、帰郷を果たした後は後で、数々の屈辱に耐えることになるが、彼のその種の忍耐（辛抱）が語られている箇所の中で、とりわけよく引用され、注目されてきた場面として、その帰郷後の次の場面を外すことはできない。留守中ペーネロペイアに言い寄りつづけてきた求婚者たちの不品行を目の当たりにして、オデュッセウスが抑えがたく沸き起こる怒り・憤りを覚える場面である。

オデュッセウスは自分の胸に憤ろしさの涌きたつ思いで、／あれやこれやと、さまざまに心の底で思案しつづけた、／いっそ後ろから跳びかかって、一人残らず殺してやるか、／それとも、これを最後のぎりぎりにして、今だけは勝手にまかせ／求婚者らとの交媾《まぐわい》を見逃しとくかと。だが胸中で犬みたように／心臓が吠え立てるのは、ちょうどまだひ弱な仔犬のまわりを、親の犬が、／吠えつき廻って歩き、知らない男が来ると、咬みつきかねない／意気込みである、それほど彼の心も悪事を腹にすえかね、吠え立てるのを、／それでも胸をうち叩きつ、心臓を叱って小言するよう、／「辛抱しろよ［tetlathi テトゥラーティ］、な、心の臓よ、これより酷い所業だとても辛抱したのだ、／あの日のこと、あの手もつけられぬ乱暴者の単眼鬼《キュクロープス》が、／仲間の者らを啖ったおりにだ、それでもお前は辛抱したろう、謀計《はかりごと》で、／洞穴から、もう死ぬことと思っていたのを救い出されたその時まで。」／こう話しかけ、胸の中にあるいとしい心を慰めたので、／それゆえ心も、たいそう大人しく辛抱して、ずっとそのまま／我慢しつづけた、［…］。（第二十巻九—二四行）

ここには、帰郷後のオデュッセウスが発揮する忍耐強さは漂泊の旅での経験によって鍛えられたこと、あるいはその記憶によって支えられていることが読みとられる。[12] そして、そうしてこそなされえたある種の忍耐のいわば心理記述が見出される。その忍耐は、他者の行為を見、それをゆるしがたいと判断したことで激しい憤りの感情が沸き起こっていながらも、先々までをも考慮した総合的判断にもとづき、その怒りの感情に突き動かされた行動まではとらない状態に抑えてこらえたもの、と解釈されうる。その忍耐の記述の中でもとくに次の部分、すなわち、「それでも胸をうち叩きつ、心臓を叱って小言するよう、／辛抱しろよ、な、心の臓よ、これより酷い所業だとても辛抱したのだ」（一七—一八行）という部分は、憤る自己を対象化して自ら制する心の働きをとらえ記述したものとして、古くから注目され、魂ないし心に関する議論で参照されてきたようである。[13]

右に言及・引用したのはオデュッセウスの忍耐が語られる箇所の一部にすぎない。彼の忍耐強さは随所で描かれた。そうして忍耐を特徴として際立たせた英雄オデュッセウス像、ないしは彼を忍耐を体現した代表的人物とする伝統は、ギリシア人にとどまらず、ローマ人にも引き継がれたとみられる。「ローマ人たちにとって、オデュッセウス（ユリシーズ）は高潔な忍耐の象徴であった。逆境に耐えるその忍耐により、とりわけストア派にとってオデュッセウスは手本となった」[14]と言われうるが。オデュッセウスを忍耐の鑑とする見方はアンティステネス（前四四四頃―三四五年頃）以来キュニコス派に顕著とされ、初期ストア派の現存断片には見出されないことから、ストア派はキュニコス派からの影響を受けつつその見方を取り入れ、ローマ帝政期までにそれが定着したともみられる。[15]紀元前一世紀のキケロ（前一〇六―四三年）の著作にも、忍耐の点でアイアスと対比したオデュッセウス像が見出される。「なんと多くのことをオデュッセウスはあの長きにわたる放浪のあいだに耐えたであろうか。［…］家に帰っても奴隷や下女たちの侮辱をも堪え忍んだ。［…］アイアースなら［…］そんなことを堪え忍ぶよりは千度でも死を求めることを選んだであろう」[16]（『義務について』一・三一・一一三）。そして、プラトンやストア派の解釈について知識があったと思われる「偽プルタルコス」の『ホメロスについて』（一―二世紀頃）では、明確に忍耐によって特徴づけられたオデュッセウス像が繰り返し語られる。[17]――ここに想定される系譜に関しては、近年のオデュッセウス解釈史研究をふまえつつ、忍耐する人物像という点で精査することが課題となるが、これについては本稿では論究しない。

二・二　プラトンの魂論による解釈

プラトン（前四二七―三四七年）は、右に引用した『オデュッセイア』第二十巻の七行ないし一八行を、『国家』で二度（第三巻三九〇Ｄ、第四巻四四一Ｂ）、『パイドン』で一度（九四Ｄ―Ｅ）引用している。彼がその詩句に権威を認めて論拠にしたということではないにせよ、[18]忍耐する英雄の心理描写をめぐって、すでに何らかの解釈論議があって、それがふまえられていることが想定される。また、伝統的叙事詩の詩句を解釈して例証とすることで、対話者ないし読者が所説を受け入れやすくする効果をあげたとも考えられる。

『パイドン』では、「魂」が作品全体のテーマとなっているが、いわゆる魂＝調和説を批判する一節において『オデュッセイア』の先の詩句が引用される。「人間の［うちにある］すべてを支配する［archein アルケイン］ものとして、君は、魂［psyche プシューケー］――それもとくに思慮ぶかい魂［phronimos プロニモス］――以外に何かあげることができるかね」[19]（九四B）という、ソクラテスの問いかけから展開する箇所である。魂は、肉体の感じる状態（pathos パトス）に同調するばかりのものではなく、むしろそれらに「反対」（九四C）し、それらを「統御」（同）しうるものであるという点が強調される。魂が肉体の感じる状態（パトス）に「反対」するというのは、「たとえば、からだに熱があって渇きが感じられるとき、魂は人をその欲望と反対のほうに引っぱって飲むことを禁じ、飢えているときに食べるなと命じ、その他そういった数えきれぬ多くの場合に、魂が肉体の感じる状態に反対する」（九四B―C）ことだとされる。つまり、のどの渇きを感じ、飲み物を飲みたいという欲望が起こっても、その欲望によって動いて飲み物を飲むことに対して、思慮を働かせた魂が反対し、飲まずに我慢する、というようなことである。その場合、飲まずに我慢しているかぎり、魂が「指導力をもち（hegemoneuein ヘーゲモネウエイン）」、当の人を「支配」・「統御」しているということになる。そしてこう論じられる。

「［…］魂は、いうところの構成要素なるもののいっさいに対して指導力をもっていて、人の一生を通じ、ほとんど何かにつけてそれらに反対し、それらを統御するあらゆる手段にことかかないのではないか。ある場合には手きびしく、痛い目にもあわせながら懲らしめをあたえたり――体育や医療の場合がそうだね――、ある場合にはもうすこしおだやかにそうしたり、あるいは嚇したり、あるいは訓《さと》したりしながら……。そういった場合、いろいろの肉体的欲望や、恐怖や、怒りなどに対して魂が語りかけるさまは、まさしく魂がそれらとは別個の存在であることを示すものではないだろうか。それはホメロスもまた、オヂュセイアの中で描写しているところであって、彼はそこでオヂュセウスについてこううたっている——

彼は胸を打ち　かく言いて心臓《こころ》をとがめぬ
耐えよわが心臓《こころ》！　かつてはさらに大いなる恥辱にも耐えしものを

君にはどう思えるかね。はたしてホメロスはこの詩句をつくるにあたって、魂を肉体のつくり出す調和であると考え、したがって肉体のいろいろな状態に引きまわされるようなものと考えていただろうか？　むしろ、魂こそが、それら肉体的諸状態を導き統御する力をもつものであり、魂は、いわゆる調和として考えられるような程度のものよりも、ずっとはるかに神的な何ものかであると考えていたのではないか」。（九四C—D）

ここでは、「魂——それもとくに思慮ぶかい魂」と「肉体の感じる諸状態（肉体的諸状態）」の対比が強調され、オデュッセウスの忍耐もその対比のもとに理解される。「魂」が「怒り」に対する場合にも言及されているが、「怒り」はここでは「肉体の感じる諸状態（肉体的諸状態）」の一つとして理解されているように思われる。

それに対して『国家』では、同じ詩句が魂の機能を三区分する説に即した仕方で解釈される。(20)　まず第三巻において、将来国を背負って立つべき若者が見聞きするにふさわしいこととそうでないことが論じられる条で、ある種の忍耐に論及され、例の詩句が引用される。(21)

「けれども逆に」とぼく［ソクラテス］は言った、「もし名だたる人々がその言行いずれにおいても、あらゆる事柄に対する忍耐強さ［enkrateia エンクラテイア（自制）］を示しているような場合があれば、それを見るべきであり聞くべきである。たとえば、こういうのもそのひとつだ――

彼は胸を打ち　こう言って心臓《こころ》をとがめた　耐えよわが心臓！　かつてはさらにひどいことにも耐えたものを」。（第三巻三九〇D）

そして、第四巻において、同じ引用箇所が、魂論ないしは心の理論を紡ぎつつ展開する議論の中で参照される。すなわち、魂の機能を「理知（logistikon ロギスティコン）」「気概（thymoeides テューモエイデス）」「欲望（epithymetikon エピテュメーティコン）」の三つに区分する説が提示・説明・吟味されていく過程で、「気概」の働きが「欲望」とも「理知」とも異なることが例証され、先の『オデュッセイア』の詩句は、その「理知」と、「欲望」から区別された「気概」との区別と関係に関する主張の例証として引用されるのである。

そこでは、まず、「気概」は、「欲望」が「理知」に反して人を動かそうとするとき、「理知」に味方し、人を「理知」の判断に従って動かすよう働くがゆえに、「欲望」の働き方とは異なることが示される。その際には次のように言われる。「では逆に、自分が不正なことをされていると考える場合はどうだろう？　そのような場合には、その人は心を沸き立たせ、憤激し［chalepainei カレパイネイ］、正しいと思うことに味方して戦い、飢えても、凍えても、その他すべてそのような目にあっても、じっと堪え忍んで［hypomenon ヒュポメノーン］、勝利を収めるのではないだろうか。そして、目的を達成するか、それとも斃《たお》れて死ぬか、それとも、ちょうど犬が羊飼いから呼び戻されるように、自分の内なる理性［logos ロゴス］によって呼び戻されて宥《なだ》められるかするまでは、その気だかい闘いをやめようとはしないのではなかろうか？」（第四巻四四〇C―D）。

そのうえでさらに、「気概」と「理知」の区別に関して、「気概」は生まれてすぐの子供でも身につけているが、

「理知」の働き（logismos ロギスモス）はいつまでも身につかなかったり、身についてもずっと後になってからであったりすることを、対話相手グラウコンが指摘したのを受けて、ソクラテスが次のように述べる。

「そう、ゼウスに誓って」とぼくは言った、「それはきわめて適切な指摘だ。さらに言えば、獣たちについて見ても、君の言うことがそのとおりであるとわかるだろうね。そして以上のことに加えて、先にわれわれが引用したホメロスの言葉もまた、証拠になることだろう――

彼は胸を打ち　こう言って心臓《こころ》をとがめた

すなわち、この箇所でホメロスは明らかに、二つの心の動きを互いに別のものとして語りながら、事の善し悪しを理知的に勘考した［analogisamenon アナロギサメノン］一方の部分が、他方のただ盲目的に憤慨する［thymoumeno テューーメノー］部分を、叱りつけているさまをえがいているのだ」。（第四巻四四一Ｂ―Ｃ）

ここにおいては、「理知」は「事の善し悪しを理知的に勘考する部分」として理解され、一方の「気概」はそれ自体としては「盲目的に［alogistos アロギストース（非理知的に・無分別に）］」働くものとして区別される。こうして、引用詩句におけるオデュッセウスの忍耐は、「気概」という、「欲望」からは区別されるが、それ自体としては非理知的である機能の働きによって動こうとするのを制してこらえることと解されるのである。

『国家』では、「欲望」からだけでなく、「気概」からも一線を画するところに「理知」を位置づけ、そのかぎりでの「理知」にこそ、一個の人間全体のうちでの（ひいては国家においての）支配的・統率的地位を認めようとしたわけであるが、その支配・統率において、「理知」は「気概」に対してと、「欲望」に対してとで異なったかかわり方をすると考えられることになる。忍耐に関しても、「気概」を制する忍耐と、「欲望」を制する忍耐とが違った仕方で成立するものとして理解されることになったと思われる。

二・三　オデュッセウスの忍耐の目的とプラトン的理論のあいだ

そのような忍耐は、何のために、何に対してなされるのか。先に引いた『国家』の一節に、「その人は［…］正しいと思うことに味方して戦い、飢えても、凍えても、その他すべてそのような目にあっても、じっと堪え忍んで、勝利を収める」（第四巻四四〇C）のではないかと言われていたことからすると、「正しいと思うこと」のために、どんなことに対しても耐える、ということになりそうである。あるいは、「事の善し悪しを理知的に勘考」する「理知」が善いと判断したことの実行・実現のために耐えるのだともいえるだろう（前掲第四巻四四一C参照）。

『国家』に先立って書かれたとみられる『ゴルギアス』では、ソクラテスによって次のように論じられている。すなわち、「すぐれた善い魂」にほかならない「思慮節制のある魂［sophron ソープローン］」をもつ人なら、「神々に対しても、人間たちに対しても、当然なしてしかるべきことをなすであろう」[22]（五〇七A）。その「当然なしてしかるべきこと」とは、神々に対しては「敬虔なこと［hosia ホシアー］」、人間たちに対しては「正しいこと［dikaion ディーカイオン］」だと言われる。そして、「敬虔なこと」「正しいこと」を実行するのである以上、「思慮節制のある人」はまた「勇気ある人［andros アンドロス］」でもある。そして、その思慮節制と勇気のある人は、必ずや「事柄でも人間でも、また快楽でも苦痛でも、避くべきは避け、追求すべきは追求し、また止まるべきところには止まって忍耐する［karterein カルテレイン］」[23]（五〇七B）ものと考えられるのである。

思慮節制と勇気のある人が「敬虔なこと」ないし「正しいこと」を実行・完遂しようとするとき、かかわる人や物事に対してその快苦にかかわらずとるはずの態度・行動が、ここでは三種に区別されている。①避けるべきを避けること、②追い求めるべきを追い求めること、③堪えるべきは踏みとどまって堪えること、の三つである。いわゆる「忍耐」は、言うまでもなく③であり、三種の態度・行動のうちの一つとして位置づけられる。それは、思慮節制と勇気のある人のとる態度・行動の一つの型ということにもなりそうである。

ところで、オデュッセウスは、プラトンが想定したような思慮節制と勇気のある人として辛抱したといえるのか。彼が苦難に耐えて帰郷の旅を続けたのは、妻ペーネロペイアに会いたい気持ちからであろうし、妻に言い寄る求婚者たちの不埒な振る舞いを目の当たりにしても、彼らに対する抑えがたい怒り・憤りを抑えて当面はじっとこらえたのは、彼らを完全に退治するための戦略上の判断であったと思われる。オデュッセウスの忍耐のそうした目的は悪いものではないにしても、「事の善し悪しを理知的に勘考」した結果として定立される類の目的ではなく、むしろ願望や感情によって求められるもののように思われる。

それに対して、プラトンの論では、当該目的のために忍耐することが「正しいこと」かどうか、あるいは「敬虔なこと」かどうかが重視されるというとき、所与の目的に対して忍耐することが有効であるかどうかということだけでなく、むしろそれ以上に、その目的自体の善さの判断が、先立つ不可欠のものとして重視されているように思われる。目的に関する理知の働きを重視する立場からするならば、オデュッセウスの忍耐のありようは、全面的に賞賛されるものではないことになろう。

目的としての善さの認識と、目的に向かう道筋ないし手段としての適切さの判断の区別と関係を、心の働きの理論においてどのように説明するかという問題は、アリストテレス（前三八四―三二二年）によって強く意識され論じられる問題となる（『ニコマコス倫理学』）。

三　ソクラテスの忍耐

三・一　ソクラテスの忍耐についての証言

人並み外れた忍耐は、ソクラテスについても語り伝えられたものと思われる。とくにソクラテスの賛美者たちは、その忍耐を徳として賞賛する言辞を直接間接に残した。

たとえば、クセノポン（前四二七頃―三五五年頃）は、『ソクラテスの思い出』の中で、「［ソクラテスは］冬の寒さや夏の暑さなどあらゆる苦難に対してきわめて辛抱強く［karterikotatos カルテリコタトス］…」[24]（第一巻第二章第一節）と述べている。

プラトンの『饗宴』では、ソクラテスの弟子であった軍人・政治家アルキビアデスの演説で師の人物像が描かれる中で、ソクラテスの忍耐強さについて右と同様の内容を含むまとまった記述がある。そこではまず、「なにしろ、分別［phronesis プロネーシス（思慮）］と忍耐［karteria カルテリアー］の点にかけて、かくもすぐれた人物に出逢うなどとは思ってみることすらできなかった――まさにそういう人物に、じっさい僕は出くわしたというわけです。……まず初めに、労苦に耐える点で、彼は、たんに僕を凌ぐのみでなく、すべての人にまさっていた」[25]（二一九D）と概括的に述べられ、そのあと何に耐えたかに関していくつかの具体例が示されていく。

その概括的陳述においては、話者アルキビアデスがその点を意識しているという設定であるかどうかは別として、「忍耐」に「分別（思慮）」を伴わせていることが読者の注意を引くところであり、この点は次節でみる『ラケス』の論点をも想起させる。

さて、何に耐えたかに関する具体例としては、次のようなことが挙げられてくる。

［食糧不足に耐える］「たとえば、戦場のつねとして、僕らはどこかの地点で連絡を絶たれ、やむなく食糧を欠くような目にあっても、それに耐えることで、彼以外の者はまったく彼の敵ではなかった。また反対に、多くの馳走に恵まれるとき、それを存分に楽しむことができる人も、彼だけだった。とりわけ、酒を飲むことにかけては、飲みたいと思っていないときでも［…］誰の敵でもなかった。［…］酔っぱらったソークラテースの姿を、いまだ誰一人として目撃した者はなかったという」（二一九Ｅ―二二〇Ａ）。

空腹は「耐えがたい」と形容されることもあるが、この話からすると、ソクラテスは食に振り回されることはなかったことになる。たとえ食物がなくても耐えることができたというわけだが、けっして食べることを軽蔑し、食物があっても食べないで我慢するというスタンスではないことが注記される。むしろ、ご馳走に恵まれれば、それを堪能する人だったというのである。そして、この食糧欠乏時の忍耐の話から、さらに、衣食住等、生活上求められる種々の外的なものの不足・欠乏に対する同様の態度が想像されるであろう。

この種の忍耐は、耐えるべき事態を克服ないし脱出しえない場合、あるいは克服・脱出可能な場合でも克服・脱出するまでの間は、たとえば食べる物がないのであるかぎりは誰でも否応なしに我慢するしかないわけだが、しかし、その事態に対する態度は人によって異なってくる。ソクラテスの場合は、その事態を嘆いたり不平を言ったりなどするのではなく、あくまでも毅然とした態度で処したがゆえに賞賛されているのである。

忍耐することとの目的との関連でいえば、戦略上の何らかの目的に照らして、食糧が不足しがちなその地にそのとき敢えて留まって空腹と栄養不足に耐えるべきかどうかが問われることになるだろう。しかしながら、この演説では、そのような目的との関係で忍耐の是非を問う視点は加えられない。

［酷寒に耐える］「また次に、そのポテイダイア［マケドニアの町］という土地では、冬はじつに凄まじいものだったが、その冬の酷寒に耐えることでも、彼は、もとよりかずかずの驚嘆すべきことをやってのけた。しかし、

とりわけ、それは、これまでになく、きびしい霜のおりた寒い日のことだったが——兵士たちは皆幕舎から外へ出歩こうとはせず、かりに外へ出るものでもあれば、驚くほどの厚着に身をくるみ、靴をはく上に、足は羊毛や羊皮で包むというありさま。しかるに、そういうときにおいても、この人は、ずっと以前から身につけていた、いつものあの外套を着ただけで、外へ出て行くのだった。そして、靴もはかずにいながら、凍りきったなかを、靴をはいた他の連中よりいとも易々と、歩いていったものだった。それで、他の兵士たちは、彼が、自分たちを軽蔑しようとして、そうしているのではないかと、彼を、穏やかならぬ目で睨んだものだった」（二二〇A—B）。

この一節ではアテナイからはるか北の町の酷寒に耐えることが例にあがっているが、ここもこの一例から、ソクラテスは、寒さだけでなく、気候風土の種々の条件に耐えたであろうことが想像されるところだろう。ただ、この場合には、そうしようと思えば厚着もでき、靴も履くことができたであろうにもかかわらず、なぜ厚着もせず、靴も履かずに外へ出て行ったのかは、明確ではない。非常に寒さを覚えているが我慢していたのか、本人としては大した寒さではないと感じられ、耐えているという意識ではなかったということなのか。する必要のない我慢をしているのではないか。もし無駄に我慢しているのではないとすれば、何のために敢えてそのような我慢をするのか。痩せ我慢をして見栄をはっているのではないにしても、（見る人たちがどう思うかにはお構いなく）安楽に堕さずに自己を鍛錬する態度を行動に反映させたということなのか。どの点も判然としないままである。

彼の演説では、そのような論調の中でソクラテスの忍耐がオデュッセウスの忍耐に重ね合わされる。すなわち、右の引用の直後に、オデュッセウスの忍耐を歌う『オデュッセイア』の先とは別の詩句（第四巻二四二行）が、アルキビアデスの口を通して参照されるのである。「『彼の我慢強さについては、これぐらいにしよう』。次にその出陣の際、そこで、『この不屈の男《おのこ》の為せしこと、耐えしこと』は耳を傾けるに値するのです」（二二〇C）。

［**忍耐強い探究**］ 続いて挙げられる事例は、少なくとも読者にとっては、辛抱強く事を為すソクラテスの目指す

ところが察せられる事例のように思われる。「こういうことがあった。ある考えごとに耽ったこの人は、早朝から一つ所に立ったまま、何か思案をめぐらせていた。そして、その考えごとが、うまくはかどらなかったとき、なおもそれを投げ出さずに、探究をつづけたまま、立っていた。そして、時刻はすでに昼になった。人びとも彼の姿に気がついた。そして、不思議な気持で、口々に、ソークラテースは朝から、何かを考えながら立っている、と、語り合った。とうとうイオーニアから来ていた者たちのうち、ある二、三の者が、夕方になって夕食もすましたあと、おりから夏のこととて、寝具を戸外に運び出し、涼しい外気の中で寝ながら、同時に、彼がひと晩じゅう立っているかどうかを見張ることにした。この人は、立っていました――翌朝がやってきて、太陽が昇るまで。それから、彼は、朝の陽に祈りを捧げて立ち去ったのでした」（二二〇C―D）。

この部分には、知の探求者としてのソクラテスにふさわしいエピソードが挙げられているといえよう。答えが容易に見いだせなくても、そして時間がかかるという労苦がどれほどのものであろうとも引き受けて、粘り強く探求するという態度が窺い知れる。それは、知への愛の体現であるともいえる。この場合、それに伴う忍耐の目的は、知を獲得すること、ないしは真理を見出すことだということになるだろう。それにしても、そのような目的のために朝から翌朝まで、戸外に立ったままで考えつづけるという行為は、先の二事例以上に、一般の人には真似ようとしても到底なしえないものと受けとめられそうである。

アルキビアデスの演説で挙げられるのは以上のような例であり、ここでは、これらが、その類例を含めてソクラテスの忍耐強さを適切に示すものと考えられていると思われる。もっとも、このような演説の再現は、誰によってそのように考えられていたことを意味するのか。あくまでも登場人物としてのアルキビアデスによってか、ペロポネソス戦争でアテナイ敗戦の一因をつくったともみられる実在のアルキビアデスの思想傾向を反映させたものか、あるいは、ソクラテスの賛美者に多く見られたとらえ方として表現したものか、それとも、何らかの意味でプラトンのソクラテス像の一端を提示したものなのか。

いずれにせよ、そこでは、従軍時の事例が挙げられても、上官の不当な仕打ちや命令に逆らわないで耐えて服従するというような事例は出てこない。あくまでも自己を持して外的条件等に屈することのない忍耐が語られるのである。しかしながら、その並外れた忍耐は、賞賛の対象となりうる一方で、常軌を逸した振る舞いとも見られかねないとも思われる。

アリストパネス〔前四五〇頃―三八六年頃〕は、喜劇作品『雲』の中で、ソクラテスを揶揄しつつも、次のようにしてその忍耐強さに言及した。「お前は道を歩くときには昂然と頭をもたげ、眼はじろりと横に向け、／靴もはかず、多くの困苦に耐え〔anechei アネケイ〕、そしてわれら〔雲〕には威厳ある顔付きをみせているからだ」[26]〔三六二―三六三行〕。そして、『雲』のその部分が、のちにディオゲネス・ラエルティオス〔三世紀頃〕によってソクラテスに関する記述中で引用されることになった[27]。

『饗宴』の先に引用した箇所にみられるようなソクラテスの態度は、ローマ皇帝マルクス・アウレリウス〔一二一―一八〇年〕が『自省録』で言及するに至る。食事に関しては、「ソクラテスについて伝えられていること」として、「ソークラテースについて伝えられていることは彼〔先帝で養父のアントニヌス・ピウス〕にもあてはまるだろう。それは、大部分の人間が節するには弱すぎ、享楽するには耽溺しすぎるようなことを、彼は節することも享楽することもできた、という点である。いずれの場合においても強く〔ischyein イスキューエイン〕忍耐深く〔enkarterein エンカルテレイン〕節制を守る〔素面である〕ことは、完全な、不屈の〔aetteton アエーッテートン〕魂を持った人間の特徴で、〔最後の病における彼は〕その例である」[28]と第一巻一六で記され、また、酷寒に関してソクラテスが「いてつく夜々をもっと我慢強く〔karterikoteron〕すごしたこと」が第七巻六六で触れられる。そして、彼は『自省録』の他の箇所でもそこここで忍耐の大切さを書きとめ[29]、また実生活においても忍耐強く生きたものとみられる[30]。彼はストア派思想の信奉者であったが、ストア派にとって、伝えられたソクラテス像は忍耐に関しても「模範」であったと考えられる。たとえばセネカ（前一頃—後六五年）は、『賢者の恒心について』一八・六で、「私たちがその忍耐を賞賛する模範［exemplum］」の一人としてソクラテスの名を挙げている(31)。

三・二　プラトンの対話篇『ラケス』における分析——ソクラテスの忍耐と知

『ラケス』では、「勇気（andreia アンドレイアー）」が徳の一部分として取り上げられ、それについてどれほど認識できているかを吟味するために、「勇気とは何であるか」が問われる（一九〇Ｄ）。その問いに対する対話者による答えの試みが、ソクラテスの吟味を受けつつ展開していく。そのとき、論題とされた「勇気」は、「戦に関することにおいて勇気のある人のみならず、海に関する危険において勇気のある人々、また病気や貧乏や国政にかかわることがらに関して勇気のある人々のすべて、さらにまた、苦痛やあるいはまた恐怖に関して勇気のある人々だけではなく、欲望や快楽に対しても闘うこと［…］において腕の立つ者(32)」（一九一Ｄ）を包括するものとして把握されようとする。その過程で、対話者の軍人ラケスの答えに端を発して、忍耐を勇気の徳に位置づける試みが提示される。

忍耐としての勇気理解の試みの端緒を成すラケスの発言は、戦場におけるソクラテスを勇気ある人の模範として仰ぐ気持ちから発するところが多大であるようにみえる。ラケスは、対話が始まってほどなく、「デーリオンから退却する際、彼［ソクラテス］は私と一緒に戻って来たのですが、［…］もし彼以外のほかの者たちも彼のように振る舞うことを望んでいたならば、我々の国は安泰で、あのときあのような憂き目にあうことはけっしてなかっただろうということです」（一八一Ｂ）と述べて、自ら目の当たりにした行動を証拠にソクラテスを賞賛し、助言を乞うべき相手として比肩する者なしとばかりに推奨する。この発言で言及されているデーリオンからの退却でのエピソードは、『饗宴』のアルキビアデスの演説においても触れられているものである。そこでは次のように語られる。

「さらにいま一つ、諸君よ、われらの軍隊がデーリオンから退却したとき、そのときのソークラテースの姿は、まさに一見に値するものがある。そのとき、たまたま僕は、彼のそばにあった――もっとも、僕は馬上、彼は重装歩兵のいでたちで。その彼は、すでに散り散りになった味方にまじり、ラケスと一緒に退却していた。［…］ところで、この場合、僕はあのポテイダイアにおけるより、はるかによくソークラテースの姿を観察した――つまり、僕は馬上だったため、恐怖も少なくてすんだから。まず平静さの点で、彼がいかにラケスに立ち勝っていたかを、見届けました。次に、アリストパネースよ、彼の姿は、まさしく君の言葉そのままだと、僕には思われた――つまり、《昂然と胸を張り、周囲をぎょろりぎょろりとへいげいしながら》味方をも敵をも静かに眺めまわし、このアテーナイの町を歩くのと同じ姿で、その戦場を通り抜けているような印象をうけたのだった。まったく、その姿を目にしては、それがたとえ、いかほど遠方からであろうと、誰しも明らかにこう思ったに違いない――もしこういう姿で歩いている男に、誰かが手出しをするなら、この男は、げにも勇敢に身を護るであろう、と。そのおかげで、この人も戦友も、ともにつつがなく退却したのだった。じっさい、戦いに臨んでかくも毅然たる態度を持している人には、おそらくは何人《なんぴと》たりとも手を触れないのがつねで、むしろ、人びとが追跡する手輩《やから》は、ひたすら逃げ去る者たちなのだ」。（プラトン『饗宴』二二〇E―二二一C）

ラケスは、そのようなソクラテスを勇気ある人の模範として仰ぐ気持ちで勇気をめぐる問答に臨み、「勇気とは何であるか」という問いかけに対して真っ先に答えを試みた。「誰かが隊列に踏みとどまって敵を防ぎ、逃げ出さないとするならば、いいかね、その者は勇気があるのだ」（『ラケス』一九〇E）。そのうえで、より一般的な答えをソクラテスから求められたのに応じて彼が次に出したのが、「忍耐強さ（karteria カルテリアー）」の概念を用いた次の答えである。「もし、あらゆるものを貫く勇気の本性といったものを言わなければならないとするならば、僕にはそれは今や〈心［psyche プシューケー］の何らかの忍耐強さ〉であるように思われる」（一九二B―C）。

この答えを受けて、ソクラテスはそれに吟味を加え、勇気が「立派で善いもの」（一九二C）である以上、どんな種類の忍耐強さもすべて勇気であるわけではなく、「思慮（phronesis プロネーシス）」を伴った忍耐強さこそが勇気であるという修正案を提示する。「思慮を伴った忍耐強さ」（一九二C）ないし「思慮ある（phronimos プロニモス）忍耐強さ」（一九二D）は、先にみた『饗宴』のアルキビアデス演説に言われた「分別［phronesis プロネーシス（思慮）］」と忍耐［karteria カルテリアー］」の点にかけて、かくもすぐれた人物」（『饗宴』二一九D）との照応を思わせるものである。おそらく、「思慮」と「忍耐強さ」は、ソクラテスの人物像を結ぶにおいて、あるいはソクラテス的徳を理解するにおいて、主要概念と考えられていたにちがいない。

それにしても、人間の徳をある仕方で具現化してみせたソクラテスの人物像をそれらの概念によって結ぶためには、「思慮」の意味を明確にしなければならない。「思慮」はある種の知力だとすれば、ソクラテスを立派な人物たらしめていた知力とはどのような種類の知力であったかを明らかにしなければならないだろう。一般的に言っても、忍耐強さは何らかの知力を伴ってこそ価値あるものとなる（したがって「徳」と呼ばれうる）という考えに対しては、知力に種別が可能である以上、どんな種類の知力を伴った場合にであるかが当然問われることになる。

『ラケス』一九二E―一九三Dでは、まさに、その「思慮」という名の知力は勇気の徳を成すときにどのような種類の知力であるというべきかが検討される。その検討は示唆に富むとはいえるにしても、簡略で、踏み込みに欠け、結論づけるには程遠いままに終わってしまう。ソクラテスが突きつける論点について、ラケスの、読者には納得のいかない受け答えのみで問答は展開してしまい、仕舞いには、ある意味で「思慮に欠けた忍耐強さ」を勇気だとする見解をもラケスが受け容れざるをえなくなっている。それはすなわち、忍耐強さに伴って徳を成立させる知力の吟味が、この対話（ラケスを対話者とする対話）ではまだ十分に成し遂げられなかったことを意味すると思われる。

ただ、重要な論点はここで示唆されている。

①堪え忍んだ先の見通しについて確信をもたらす推理計算（logizesthai ロギゼスタイ、一九三A）等の能力としての思慮・知力。これについては、問答では、そのような知的能力によって確証を得て良い見通しをもって耐えるよりも、良い見通しを得られないながらも耐えるほうが忍耐強いという答えを以て論点が移されてしまっているが、比較された二者の相違点は曖昧なままであり、読者の脳裏には、ある種の良い見通しが確証を伴って得られている忍耐であっても、その忍耐の価値が高く評価されるべき場合があるのではないか、何か重要な目的達成のための道筋を見定め、その達成の可能性を判断し、たとえその可能性がわずかであれ、また目的達成には必ずや少なからぬ困難が立ちはだかると予想されても、なお目指す目的の重要性ゆえに敢えて忍耐しようとする態度は、徳の名に値するのではないかという反問が浮かび、燻るように思われる。

②困難を解決したり乗り越えたりするのに有効な技術（techne テクネー、一九三B）としての思慮・知力。例えば、馬術、投石術、弓術等、戦場で用いられるであろう技術がそこでは例示されているが、もし忍耐を、先に引用した箇所（一九一D）に示された方針のように多様な場面で発揮されうるものとしてとらえようとするならば、さらに多種多様な「技術」を考慮に入れた考察が求められるところであり、また、それらが「技術」という一つの概念でとらえきれるのか、その知力を働かせるいわば対象となる事柄の性質の違いに応じて区別して考察されるべきかどうかも問われてくるところであろう。しかしながら、これについて、ここの問答では、そうした技術をもたないにもかかわらず耐えて頑張っている人のほうが勇気ある人、つまり立派な人だというかぎりの見解に同意する応答までで止まってしまっている。技術という知力は、困難を解決・解消したり、困難の度合いを軽減したりして、技

術をもたない場合ならただ受け止めて耐えるしかないことを、忍耐する必要のないものにしたり、より忍耐しやすいものにしたりするであろうが、その忍耐を不要にする力ないしは軽減する力をもつことは、人の徳・立派さにどう影響するのか、技術をもたずに忍耐する状態と、忍耐を軽減・解消する技術をもっている状態とを比較したとき、その立派さについてどういうことがいえるのか。そのような立派さの判断は、人間としての向上とどう関係するというべきか。――このような問いが読者の心に浮かび上がってくるような問答となっているのである。

三・三　忍耐と修練

『ラケス』の右に取り上げた論では、勇気を〈知力を伴った忍耐強さ〉として理解しようとするときの、その知力がいかなるものであるかが問われている。つまり、ただ忍耐強くあるだけでは必ずしも善いとはいえない――換言すれば、忍耐強さはただそれのみでは徳としての条件を十分にはそなえていないのであって、そこにある種の知力（「思慮」と呼ばれるもの）が一緒に働いてこそ「徳」の名に相応しいものとなるとさしあたり考えられ、「忍耐強さ」とともに徳を成すその「知力」のほうに光が当てられたのである。

では、〈知力を伴った忍耐強さ〉という勇気理解において、「忍耐強さ」という要件のほうについて問われるべきことはないのか。――これに関しては、忍耐強さがどのようにして人に備わるかが問題とされていたと考えられる。とくに焦点となったとみられるのは、修練（次の訳文では習練）すること（meletan メレターン）の作用・効果の評価である。

この点についてのソクラテスの発言をクセノポンが伝えている。クセノポンによると、ソクラテスはソフィストのアンティポンに対して次のように語ったという。「生まれつき（physei ピュセイ）身体がとびきり弱い者でも習練［修練］を積めば（meletesantes メレテーサンテス）、とびきり頑丈な者が習練をかまけていた場合よりも、習練を積んだものごとにかけてはよりすぐれた者［より強い者］となるし、そうしたこと［暑さ・寒さなど］をよりたやすく耐え忍ぶ（pherousin ペルーシン）ものだ、ということを君は知らないのかね。とすれば、いつでもそのつど起こる事態を我慢するよう（karterein カルテレイン）習練を積んでいるわたしのほうが、習練をかまけている君よりもたやすく万事を耐え忍ぶこと（pherein ペレイン）ができると思わないかね」（『ソクラテスの思い出』第一巻第六章七）。

この主張によると、修練は弱い者をも強くする。より正確に言えば、修練は、少なくとも修練した当の事柄に関しては、生まれつき身体の弱い者を生まれつき身体の強い者よりも強さに勝る者にしうる。もし何かを耐え忍ぶ（堪え忍ぶ）修練を積むならば、同様の修練を怠る者よりも、その修練を積んだ事柄に関しては忍耐強くなる。そうだとすれば、勝れて忍耐強くなるためには、誰にとっても修練が必要だということになる。そして、ソクラテスは、生活の中で直面するあらゆる事態について日夜忍耐する修練を重ねているといい、その日頃からの修練こそが彼の「万事」に対する忍耐強さをつくりあげていると主張するのである。

ところで、ソクラテスの場合、忍耐する修練は、自発的・自律的であったにちがいない。何のために忍耐の修練をするのか、その目的に鑑みて何をどれだけ耐え忍ぶ（堪え忍ぶ）べきかを自ら適切に判断しているであろう。彼の場合はまた同時に、その修練は、ただ体を鍛えるだけのものではなく、内的・精神的に鍛え強くする「魂の課業（epitedeuma エピテーデウマ）」（プラトン『法律』第七巻七九〇C）であったと言ってよい。多くの市民の教育・訓練の場合は、指揮官（archon アルコーン）が必要で、たとえば軍隊では「飢えや渇き、寒さや暑さ、固い寝台に耐える訓練」をするにも、「戦場における武勲」という目的に照らして指揮をとる指揮官に従わなければならない（同書第十二巻九四二A—D参照）のに対し、ソクラテスの場合は、いわば彼自身が自己の修練の指揮官でもあるのである。そして、ソクラテス自身の内なる指揮官とは、何らかの知力ないし知性だということになるであろう（同書第十二巻九六三A参照）。

このことは、忍耐強さを徳の名に値する善いものとして身に付けうる条件をととのえるためには、目的を正しく見据えかつ指導力をもつ知性が、当人自身に、さもなければ指揮官に、備わっていることが必要だということを意味すると思われる。すると、もし「勇気を養う課業（epiteudeumata エピテーデウマタ）」（同書第一巻六三二E）を課すとしても、プラトン『法律』に登場するラケダイモン人メギロスが紹介しているような「苦痛に耐えること」にかかわる課業、つまり「冬も跣《はだし》で歩き、寝具なしで眠り、従者を従えずに自分で自分の世話をし、昼夜の別なく全国土をわたり歩く(33)」（第一巻六三三C）などのスパルタ式訓練は、ただそれのみでは、徳の名に値するような「勇気」は身につかないということになるだろう。

結びに代えて

ギリシア古典における忍耐の賞賛には「英雄主義」が認められることがある(34)。その場合、徳として賞賛される忍耐は誰もがなしうるものではなく、卓越した力をもった者でこそ可能で、他からの助力や支えは主要でないことになるだろう。これとの対比では、キリスト教の場合は、当人自身の強さが重要なのではなく、むしろ弱いからこそ忍耐するのであって、忍耐は人間自身の弱さの中で神の力が働いてこそ遂行される(35)、という考えが強調されることになるだろう。このような対比はどこまで当を得ているといえるだろうか。

本稿は、ギリシア古典の伝統における忍耐観を、二人の代表的人物像を伝える基礎的テクストとプラトンの残した解釈論に関して概略確認したにとどまる。見定めるためには、彼らの卓越性の由来がどのように理解されているかに注目しつつ、彼らに関する物語を聞いた人たちへの影響、あるいはまた、ソクラテスと直接対話するなどのかかかわりをもった人たちとの影響関係について、注意深く考察する必要があると思われる。その際、その後の歴史に関しては、アリストテレスによる理論的展開やストア派的継承などをも跡づけることが重要になってくるであろう。そして、その次の段階として、右に例示したような既存の対比論を吟味対象として念頭に置きつつ、キリスト教思想における忍耐観をやはり代表的人物像に着目する方法で論じ、両者の関係性と疎隔性を考察していければと思う。

註

＊本稿は、拙稿「ギリシア古典の伝統における忍耐の代表的人物像とプラトン的解釈――忍耐観の比較研究のための基礎的考察」(『倫理研究所紀要』第二七号、二〇一八年、六八―九七頁)に若干の加筆修正を施し、旧稿掲載誌発行元の承諾を得たうえで本書に収載するものである。

(1) 教皇フランシスコは、「あふれるほどの愛を注いで子育てにあたる親、家族の生活の糧のために働く人、笑顔を絶やさない、病にある人や高齢の修道者」に「わたしたちのすぐ近くで神の現存を映し出す『身近な』聖性」を見ると言われる(教皇フランシスコ使徒的勧告『喜びに喜べ――現代世界における聖性』(二〇一八年三月一九日)第一章七。訳文は、カトリック中央協議会事務局訳(カトリック中央協議会、二〇一八年)による)。関連して、Interview with Pope Francis by Fr Antonio Spadaro ("L'Osservatore Romano" of 21 September 2013), La Santa Sede «http://www.vatican.va/content/francesco/en/speeches/2013/september/documents/papa-francesco_20130921_intervista-spadaro.html» を参照されたい。

(2)「人物/人物像(character)」概念については、さしあたり、マッキンタイア(Alasdair MacIntyre, *After Virtue*,

University of Notre Dame Press, 1981, 2nd ed. 1984, 3rd ed. 2007. 訳書：篠崎榮訳『美徳なき時代』みすず書房、一九九三年）及びベラー（Robert N.Bellah, et al., *Habits of the Heart*, University of California Press, 1985. 訳書：島薗進・中村圭志訳『心の習慣』みすず書房、一九九一年）の次のようなとらえ方を忍耐に関して適用する。マッキンタイアによると、character は「その文化の道徳的代表者」で「彼らをとおして道徳的・形而上学的思想と理論が社会の中で具体的な姿をとる」（訳書三五頁）。それは「その文化の構成員の大方による、あるいはその重要な部分による注視の対象」となり、「人々に文化的・道徳的な理想（ideal）を提供」し、「ある社会的な存在様式を道徳的に正統なものとする」（同三七頁）。ベラーは、マッキンタイアの所論を参照したうえで、「代表的人物／人物像（representative characters）」は、「ある一定の人々の間で、発達させるのが望ましく正しいことだとされているのはまさしくどのような種類の特性なのか」を明示するのに役立ち、「人生のヴィジョンに生きた表現を与えるひとつの理想［an ideal：理想像、典型、模範］」ないし「焦点や参照の軸［a point of reference and focus］」を提供し、それによって「人々は所与の社会環境のなかで自らの人生を組織し、意味づけ、方向づけるやり方を、ひとつの集中的なイメージへとまとめ上げることができる」のだと言う（訳書四六頁、［　］内は引用者が挿入）。

（3）引用した訳文で「我慢する」「辛抱する」と訳されているギリシア語は、辞書の見出しの形（一人称・単数・現在で言うと tlao である（不定法は tlenai）。その分詞は tlas 等となる。

（4）『イリアス』の訳文は、呉茂一訳（岩波文庫、上巻、一九五三年／中巻、一九五六年）による。

（5）彼の妻ペーネロペイアの忍耐も注目されるべきところだが、これについては別途取り上げたい。

（6）polytlas（辛抱づよい）は poly（大いに）tlas（辛抱する）という成り立ちの語である（注２参照）。talasiphronos（talasiphron の属格）は、Odysseus が属格形のときに同じ意味で用いられている。

（7）他に、第九巻六七六行、第十巻二四七行、第二十三巻七二九行、同巻七七八行。

（8）各語が現れる箇所（巻・行）は次の通り。polytlas: 5.171, 334, 486; 6.1, 249; 7.1, 133, 139, 177, 329, 344; 8.199, 446; 13.250, 353; 14.148; 15.340; 16.90, 186, 225, 258, 266; 17.280, 560; 18.90, 281; 19.102; 21.414; 22.191, 261; 23.111; 24.176, 232, 348, 490, 504, 537. talasiphronos: 1.87, 129; 3.84; 4.241, 270; 5.31; 17.34, 114, 292, 510; 18.311.

（9）『オデュッセイア』の訳文は、呉茂一訳（岩波文庫、上巻、一九七一年／下巻、一九七二年）による。訳文中、

［ ］内は引用者による補いである（以下、他の著作・作品の引用においても同様）。

(10) tlesomai は tlao の未来形である。注2参照。

(11) この引用文中の「堪え忍び」「辛抱していく」の原語はいずれも tlao の変化形である。

(12) 西村賀子（『ホメロス『オデュッセイア』――〈戦争〉を後にした英雄の歌』岩波書店、二〇一二年、一九〇―一九一頁）の指摘によると、漂泊の旅を通じてオデュッセウスがそのように忍耐強くなれたのは、仲間の諫言や宥めのおかげでもある。そのことは、『イリアス』のアキレウスの場合は神の説得によったことと対比される。

(13) cf. Jacqueline de Romilly, *"Patience, mon cœur !" L'essor de la psychologie dans la littérature grecque classique*, Les Belles Lettres, 1984, 2e éd.1991; Françoise Létoublon, «Patience, mon cœur !», in: *Gaia : revue interdisciplinaire sur la Grèce Archaïque* 7 (2003), 321-346. その他については後者の文献表参照。

(14) Mark Morford, Robert Lenardon, Michael Sham, *Classical Mythology*, Oxford University Press, International Tenth edition, 2015, Ch.20, p.542.

(15) cf. Jean Pépin, 'The Platonic and Christian Ulysses', in: D.J.O'Meara (ed.), *Neoplatonism and Christian Thought*, SUNY Press, 1981, 3-18, p.4; William B. Stanford, *The Ulysses Theme*, Basil Blackwel, 1956, 2nd edition revised, 1968, p.121; Félix Buffière, *Les Mythes d'Homère et la pensée grecque*, Les Belles Lettres, 1956, 3e tirage 2010, pp.374-377. キュニコス派との関連性についてはとくにエピクテトスの断片十一参照。

(16) 訳文は、高橋宏幸訳（キケロー選集9、岩波書店、一九九九年）による。

(17) 偽プルタルコス『ホメロスについて』一三五、一三六、一四一、一六三（J. J. Keaney and Robert Lamberton (eds.), *[Plutarch] Essay on the Life and Poetry of Homer*, Scholars Press, 1996, chs.135, 136, 141, 163）。

(18) cf. Christopher J.Rowe, *Plato: Phaedo*, Cambridge U.P., 1993, p.227.

(19) 『パイドン』の訳文は、藤沢令夫訳（『世界文學体系3　プラトン』筑摩書房、一九五九年）による。

(20) 当該詩句の解釈に関する『パイドン』と『国家』の間のこのような相違はつとに指摘されてきたところである。cf. *Platon Oeuvres Complètes tome IV-1re partie: Phédon*, texte établi et traduit par Léon Robin, Les Belles Lettres, 1926, p.63, n.1; seconde édition par Paul Vicaire, 1983, p.119.

(21)『国家』の訳文は、藤沢令夫訳『国家（上）』（岩波文庫、一九七九年）による。

(22) 訳文は、加來彰俊訳（岩波文庫、一九六七年）による。

(23) karterein は、名詞形では「忍耐」と訳されうるギリシア語の一つ karteria となる。「止まる」（踏みとどまる）と訳されているのは hypomenein という動詞の分詞で、その名詞形は、これも「忍耐」と訳される hypomone である。hypomenein は、語の成り立ちとしては「下に（hypo）」「とどまる（menein）」となる。

(24)『ソクラテスの思い出』の訳文は、内山勝利訳（『ソクラテス言行録1』京都大学学術出版会、二〇一一年）による。karterikotatos（きわめて辛抱強く）は、karteria（注23参照）の形容詞形の最上級である。

(25)『饗宴』の訳文は、森進一訳（新潮文庫、一九六八年）による。

(26) 訳文は、ディオゲネス・ラエルティオス『ギリシア哲学者列伝』で引用された同箇所の加來彰俊訳（岩波文庫、上巻、一九八四年、一四〇頁）による。同箇所はコロス（合唱隊）の台詞。

(27) ディオゲネス・ラエルティオス『ギリシア哲学者列伝』第二巻第五章二八。

(28) 訳文は、神谷美恵子訳（岩波文庫、一九五六年）による。

(29) マルクス・アウレリウス『自省録』第一巻五、九、第四巻三、四九、第五巻三三、第十巻三参照。

(30) 対人関係におけるものを含む彼の定評ある「寛容と忍耐」は「ある特異な世界観によって意識的に生み出された態度」とみるべきことが指摘されている（荻野弘之『マルクス・アウレリウス『自省録』——精神の城塞』岩波書店、二〇〇九年、一三〇頁）。

(31) セネカは『倫理書簡集』一〇四・二七においては貧困、軍務等の労苦、家庭内のいざこざ（ないし妻と子）に対するソクラテスの忍耐強さに言及している。妻と子に対する彼の忍耐についてはまたエピクテトス『語録』第四巻五参照。

(32)『ラケス』の訳文は、三嶋輝夫訳（講談社学術文庫、一九九七年）による。

(33) 訳文は、森進一訳（岩波文庫、一九九三年）による。

(34) cf. Gerhard Kittel (ed.), Geoffrey W. Bromiley (tr.&ed.), *Theological Dictionary of the New Testament*, vol.IV, W.M.B. Eerdmans, 1967, s.v. hypomeno, hypomone (581-588), p.582.

(35)「コリント信徒への手紙 二」一二・九―一〇参照。

第3章　記憶を語り継ぐための「一般的再現者」

岩政　伸治

はじめに

語り継がれる物語の重要なメッセージは、維持されない限り失われる可能性がある。コミュニケーション革命によって関心のある人や興味を持つことができる人にとっては、過去へのアクセスが向上した。しかしながら、提供される膨大な情報の機械的な蓄積が必ずしも役立つとは限らない。たとえば広島・長崎への原爆投下について、当時の日本軍の動きやアメリカ大統領による原爆使用決定、被害状況から生存者の後遺症の実態まで膨大な記録をつぶさに見ることが可能だ。しかし実際には、原爆を生き延びた語り部たちが病気や高齢で次々とこの世を去る中、今の世代が広島・長崎の被爆者たちの生きた原爆体験を知るきっかけは著しく減少しているのである。戦後、広島、長崎で被爆者たちが原爆投下の体験を語る風景は、亡くなった方々の声なき声を代弁するいわば、日常の中の聖性として人々の記憶に刻まれてきた。語り部の減少によって、それらの記憶が過去の記録として葬られようとしている。

本論では、被爆者たちによる「汚染の言説」を念頭に、アメリカにおける核実験の「被爆者」にしてネイチャー・ライター、環境保護活動家であるテリー・テンペスト・ウィリアムス（Terry Tempest Williams, 1955-）が著した『大地の時間』（*The Hour of Land*, 2016）で言及されている"reenactor"（歴史の再現者）を手掛かりに、作品中に示される"reenactor"を、歴史が風化されず、「記録」としてというよりもむしろ、次世代の人々に「記憶」として語り継がれるための一種の装置として、また"reenactment"（歴史の再現）をそのための行為として、読むことの可能性を探るものである。

一　再演と再現

『大地の時間』は、"reenactment"が集合的記憶が失われるのを防ぐための鍵であることを示唆している。この作品の「ペンシルベニア州ゲティスバーグ国立軍事公園」の章では、アメリカの景勝地でよく見かける歴史上の人物に扮装して戦争の記憶を伝える"reenactor"と呼ばれる人々が描かれている。彼らの全般的な描写から、"reenactor"という存在が、集合的記憶が簡単に失われることを防ぐ、社会で必要な機能を果たしていることが推測できる。したがって、この文脈での"reenactor"は、歴史を再現するための単なる人または役割ではなく、より一般化された再現のための機能およびエージェント（代理人、媒介者、行為者）となる（以降、「歴史上の人物に扮する人」と区別する場合、便宜上"reenactor"を「一般的再現者」と呼ぶ）。この機能について説明する前に、確認しておくべきポイントが二つある。再現という行為に固有の弱点と、ウィリアムスの以前の作品のこの機能へのかかわり方である。歴史を再現する領域では、イデオロギーとドラマが、目撃者の話を保存することをはるかに超えて、動機になる可能性がある。彼らがリンカーンに扮するのはゲティスバーグの演説の内容を伝えるよりもむしろ、その歴史的演説をしたリンカーンのドラマを演じることにある可能性は十分考えられるからだ。この場合、イデオロギーやドラマなどの他の問題が焦点にされるべきではない。さらに、再現という行為は、不都合にも現在または過去の政治性を帯びてしまうことがある。たとえば過去を「おかしな服装をまとった単なる現在として」提示しかねないのである（Denning 4）。シグナルにはノイズが含まれるのだ。言い換えれば、シグナル（信頼できる情報）はしばしばノイズ（ゴシップ、イデオロギー、政治、ほら話によって歪められた情報）と混同されているということだ。したがって、これらの一般化されたコンテキストは、ウィリアムスが示したある特定の戦跡における歴史的再現のように、回避することはできないのである。

『大地の時間』以前の彼女の著作の中で、ウィリアムスは自分の家族の不自然な歴史を、集合的記憶として残すことを模索しているように見える。彼女の著書『鳥と砂漠と湖と』（*Refuge: An Unnatural History of Family and Place*, 1992）によると、彼女は母親、祖母、叔母たちを乳がんで亡くしているが、彼女は家族がネバダ州での一連の核実験を通じて放射能にさらされたことが原因であると確信している（3542）。ウィリアムスは、死者の声を表現できるかどうか次のように自問する。「声を持つということは何を意味するのか？」（"Description"）。これは、母親についてのもう一つの回想録、『女性が鳥だった頃』（*When Women Were Birds*, 2012）で、母親が生前決して開かないよう厳命していた日記を開き、それが完全に空白であることがわかったときに、圧倒的な問いへと発展する（101）。具体的には、ウィリアムスはそこで、母親、そして死者の声を無断で表現した罪悪感を持ったことが示されている。これは母の日記に自分が書き込む行為だ。それゆえ、ゲティスバーグで歴史上の人物に扮する人々との彼女の出会いは、歴史の再現というアイデアを、そのような罪悪感からの免罪の可能性として彼女に与えたのである。

不都合な点はあるものの、『大地の時間』にある社会における内包された再現という行為は、風化させてはならない記憶を保存する行為について、読み手から理解を得るのに役立つ。したがって、「一般的再現者」による再現という行為は、次の点で有益である。①（現在は存在しない）直接の目撃者の目を通して歴史を追体験する。②異なる時間、時代を架橋する。③再現という行為によって、人が再現する歴史上の人物になることを可能にする。④再現という行為が、同じ経験を共有していない死者の話をすることで、ウィリアムス自身の持つ罪の意識を免除する。⑤再現という行為が、ウィリアムスのいう「私たちが忘れたことを思い出すところ」（202）である「大地の時間」と共鳴する。

基本的に、この再現という行為はもともと出来事を再現するだけだが、ゲティスバーグの記念日の再現に関するウィリアムスの説明に例示されているように、そうすることで歴史を再現する可能性が考えられる。彼女の説明では、ゲティスバーグの章の語り手は、アンディ・カスター・ドナヒューという名前の、認可を受けた戦跡ガイドに会う。この章では、彼女は二つの役割で描かれている。彼女の名前が示唆する人物を再現していることと、目撃者目を通して歴史を導くことである。アンディのミドルネーム「カスター」は、一八七〇年代後半にアメリカ先住民討伐で有名になった将軍を想起させるが、実はそのカスター将軍こそが、若い頃ゲティスバーグの戦いで北軍の中心的な役割を果たした人物でもあるのだ。この章で語り手は、ゲティスバーグでの南北戦争が「アンディの『精神』の中でまだ生きて」いて、それゆえアンディが南北戦争の時代と「ともにいる」（1555）ことを発見する。自分の仕事は、馬と歴史への愛情が一緒になったものだと語るアンディは、観光客と語り手の前で「史実」を再現することに成功している（ウィリアムス自身、この作品をクリエイティブ・ノンフィクション、すなわち「事実」の創作と呼んでいる）。アンディが古風な装をまとった文字通りの“reenactor”（＝歴史の再現者）として登場するわけではないことは断っておかなければならない。それでも彼女はイベントの現実を聴衆に伝えるためにある意味でその役割を引き受け、「……今日、私は馬に乗った兵士です」（1521）と宣言することで、自分自身を「語り部」の一人として紹介する。結果として、観光客が最も頻繁に経験する長い戦いのこの再現の説明の基本的なイメージから、"reenactor"（＝一般的再現者）が有用な記憶のエージェントであることは明らかである。(1)

「一般的再現者」は、過去と現在のギャップを埋めるために有用である。それは異なる時間、時代の橋渡しとして描かれている。「すべて黒人兵士からなる連隊が、『リパブリック賛歌』("The Battle Hymn of the Republic")をアカペラで歌い始めた。彼らの声は深くて強い。思わず涙が出た。彼らは当時の兵隊に扮してるんじゃない。異なる時空を橋渡しする兵隊そのものだった」(1704)。語り手が涙し、これらの「兵隊」が過去と現在をつなぐと感じる相互に関連した理由がある。何よりもまず、当時の兵士に扮するこの集団が役割を演じる際に、ただ歴史上の人物になりすますのではなく、彼らそのものになっていると語り手は確信している。表面的には彼女の語りが、いかに完璧に自分たちの役割を果たしているかを示唆しているのは確かだ。しかし、彼らを「同胞の兵士」と呼ぶことで、彼らが「歴史的な」第五四マサチューセッツ歩兵連隊の実際の兵士と同じ自由への叫びをはっきりと感じ、声を一つにして歌うという意味で、同じように自由のために「戦う者」であると確信しているはずである。(2) "reenactor"が時空を架橋するのは、おそらく過去を現在に持ち込んで生かすことによってではない。自由を求めるアフリカ系アメリカ人が目の前にいて、当時と変わらない自由のための戦いにあるため、時空が橋渡しされるのだ（語り手と同様、彼らが扮する元の連帯の面々が同じルーツ、同じ境遇であることから、彼らこそがその役割を痛いほど感じているはずである）。いずれにせよ、それは"reenactor"同士が単に同じルーツを共有することのみによるものではなく、この「歴史の再現者」が密接に同じ現実を思い起こすために、「涙する」行為が不可分になる可能性を示す。さらに、彼らが「リパブリック賛歌」を歌うとき、彼ら自身がこの歌を通して、過去の強くて大胆な（暴力的で急進的だとしても）出来事を、暴力的に転覆するという目的よりも解放のための支持者として、再現するのだ。(3)

ウィリアムスのゲティスバーグの章の続きの部分では、ウィリアムスが描く一般的再現者がどのように時間の橋渡しをするのかその具体的な特徴も示唆されている。語り手が南北戦争の兵士に扮するビリー・リーに会い、彼がどのようにして歴史上の人物に扮することになったのかを尋ねると、彼は次のように答える。「二つの世界間で扉は開かれたままだった。他に何かいうことがあるかい？」（1711）ゲティスバーグを訪れた観光客にとっては確かに、この「役者」たちを通して南北戦争という過去の歴史が開かれている。この言及は、エージェントとしての一般的再現者の役割が正当化されていることを示唆する。南北戦争後に生まれた人々にとって、ゲティスバーグの戦いは歴史上遠い過去の出来事に他ならない。一方、歴史の再現者にとって、戦いは彼らの個人的な歴史の一部である。現在に生きながらにして、彼らは過去の兵士の亡霊の具現化なのである。この章のさらに先で、語り手は、戦争の残虐行為の犠牲者を追悼して、ワシントンモールで行われた「一〇〇万本の骨」の式典を訪れる。そこでは骨を制作し、芸術的で想像力に満ちた創作にその骨を配置することにより、訪問者は時間のギャップを象徴的に埋めている（1893）。そこで、語り手の頭にカール・ウィルケンスの言葉が思い浮かぶ。「私たちが手で何かを作るとき、それは私たちの感じ方を変え、私たちの考え方を変え、私たちの行動を変えます」（1924）。彼女（語り手とウィリアムス）の言葉は、過去と現在を融合させる魂を捉え、「一般的再現者」の存在理由である、死者の物語のリ＝クリエイション（再創作）を見出すのである。

時間の橋渡しに加え、エージェントとしての役割を通じて、一般的再現者はもはや存在しない直接の目撃者に声と社会的存在も提供する。実際に何を考え、経験し、期待していたかを物語る人は減り続けているため、一般的再現者は社会にこれらの幽霊もどきを提供し、その精神と言葉を生きながらえさせるのだ。特別な個人、たとえば、米国大統領として振舞う（1010）再現者もいれば、そうでないものもいる。少なくとも歴史が書き留めるような特別な方法ではない。彼らより抽象的な再現者は、「特定の性格にとどまり、個別化した個人の物語を語る『生きている歴史家』」（1482）である。特別に指定された「物語の守り人」として彼らは社会で補充されるので、彼らの役割は、彼らの存在そのものや彼らが代表する人々の言葉と同様に、終わることなく集合意識にとどまる。再現者が継承されるのは、ゲティスバーグの章では暗黙の合意として描かれる。「今日のパレードで本物のリンカーンを見ることができるわ。彼は年をとっているけど、元気です。遅かれ早かれ、彼は交代が必要になるでしょう」(1684)。

したがって、ある特定の個人を装う場合でも、語り手が「後で歴史上の人物に扮した人々一万人がここにいることを知った」(1698) 時の、集合的な社会集団を描写する場合でも、あたかも彼らがまだ生きていて、可能な限りそうであると確かめることになっているように、時間や場所を隔てた実体として一般的再現者が導かれる。「自分がすることをするのさ。なぜかっていうと彼らはもう声を持っていないから。彼らの声になることを選ぶのさ」(2226)。もちろん、本当の意味での声の連鎖は現実ではない。関係した元の人々はもう存在しないのである。相互作用が含まれるとしても、彼らはプレゼンテーションを修正したり、元の考えを提供したりすることはできない。しかし、再現という行為が「私たちができる最善の」単なる代用品であるのとはまったく別に、再現という行為のプロセスは、常に現在の文脈にあって、元のテーマに関して変化とコントラストを提供する異化作用を特徴とする。言い換えれば、再現の行為は「物語る」ことを可能にするのだ。単なる事実にかかわるというよりはむしろ、経験にかかわっているのだ。そして、過去の出来事の経験的な描写に聴衆はくぎ付けにされ、しばしば魔法にかけられさえもする。ほとんどの場合、歴史は無味乾燥だが、その一方で彼らによる歴史の「再現」は説得力があり魅力的でさえある。

二　目撃から再現へ

目撃者の話を伝える際に経験を含めることを超えて、再現という行為はコミュニケーションの手法としてうまく機能する。アイデアのためのある種の実験の場を提供するからである。たとえば死者の間で現在、生きている人との対話があるとする。再現する参加者と再現を体験する人々の間で対話ができることを考えると、そこにはダイナミックな側面が生じる。声（およびそれらの声がおかれた出来事）を維持することに加えて、過去の眼差しが現在を転回させる可能性があるのだ。いずれにしても、再現の中心にあるのは、それが過去から未来への暗渠として機能するかどうかにかかわらず、体験的なものである。物語は観衆を引き込み、おそらく彼らに注意を向けさせる。しかし、それが冒険を超えた何らかの意味を持っているかどうかに関係なく、物語はそれ自体を主張するのだ。この主張は強力な属性であり、自らを他の形式と区別するものである。

再現は、時間の経過とともに失われた人々の精神を呼び起こすため、説得力を持つ。観客が超自然を信じているかどうかにかかわらず、再現では、そのキャラクター（彼らがうまく仕事をしている場合）は幽霊である可能性もある。さらに、人々は物語やほら話さえ好む傾向があるため、ゲティスバーグの章の語り手が言うように、「多くの幽霊の物語がこの町を飛び回っている」(1691) のだ。ゲティスバーグの章の死者の話は、これらの幽霊によって異化されている。未知の何かが追加され、再現には何か謎めいたものが宿るのだ。端的に言えば、声が与えられれば、死者はさらに魅力的になる。幽霊を信じない連中でも、呪文に掛けられるのだ。彼らが信じるならば、彼らはこれらの霊の警告を聞いて従うことに責任を感じるかもしれない。結果として、再現に満ちた物語の中の幽霊は、異化の一つの形式である。過去の出来事は現在に転回することができ、それによって幽霊役は同時代の人々と話すことができる。友人や家族の記憶に残っている死者とはまったく異なり、これらの幽霊役は現在に生きるエージェントなのである。彼らの再現への参加は、歴史のありのままの事実を超えて物語を語らせることができる。これは、歴史上の人物を再現する理由について答える先述のビリー・リーによって証明される。「一二年前、俺はストーブの隣で本を読んでいた……そして神に誓って、こいつがまさに手を伸ばして俺の足首をつかんで言ったんだ。『僕の物語を語ってくれ！』」。一〇年後、俺はバーリントンにあるジョン・ロナガンの墓に行き、俺が書いた本、『バーモントのアイルランドの反逆者：キャプテン・ジョン・ロナガン』をノミで彫られた彼の墓標の下にたむけたよ」(1717)。リーの心の中では、再現者になることを選んだのは自分ではなく、ロナガンという死者の亡霊であり、自分はロナガンに扮するよう亡霊から指名されたのだ。リーがこの幽霊からの呼びかけに耳を傾けたと語ることについては、合理的な読者は、これをファンタジーまたはペテン師として却下するかもしれないが、物語の異化された文脈においては、読者はこれを受け入れるはずだ。リーは、「俺は生きた歴史を持ち、特定のペルソナを引き受ける」(1725)と言う。皮肉なことだが、ロナガンの亡霊は死んでいるので再現者の役割を果たすことはない。この再現というエージェンシーに参加するために、ロナガンの亡霊は自分の物語を再現するために生きている語り手が必要なのである。リーはロナガンの伝記を書き、それを生きた歴史にするために、彼はまた再現者となったのだ。リーの足首をつかむロナガンの亡霊は創作かもしれないが、他の誰かについて話をするためには、一般的再現者という役割が必要になる[4]。この特定の場面において語り手の関心は、二一世紀にゲティスバーグの目撃者がいないという死者からの呼びかけに応え、リーが歴史上の兵士の物語を書き、その人物に扮して見せたことだ。語り手はここで、自分が経験したことのない死者の話をすることの正当性を見つけたのである。

確かに、死者の話はゲティスバーグの章で重要な役割を果たしている。これは、語り手が自分はなぜその場所の感覚にとらわれているのかを自問したときに、次のように示唆されている。「それは、まだここのどこかに埋められている死者が私たちに知ってもらいたいことと関係があるかもしれない」(2068)。もし彼らが話すことができたとしたら、おそらく現代の聴衆に伝えたいこと何か関係があるのだろう。再現という行為の一部であるストーリーテリングは、現在が将来に同じことが起こると予測される過去の責任を担い得る。再現によって、過去の過ちが繰り返されない可能性があるのだ。少なくとも「気づかない」ことはありえない。(5) しかし、再現によってこのように過去の物語を紡ぐことの意味は何であろうか。文中に示された第二次世界大戦と現在の時間の比較に、その答えが示唆されているようだ。語り手はアルベール・カミュの言葉(一九四六年のエッセイ)を次のように引用している。「年が明けてからずっと、終わりのない戦いが暴力と友好的説得の間で続けられた。これからは、唯一の賞賛すべき道は、すべてを手に負えそうもないギャンブルに賭けることだった。言葉は武器よりも力を持つというギャンブルだ」(1852)。つまり、再現という手法によって物語を紡ぐことは、武器よりも力を持ち得ることが示唆されているのである。

一般的再現者の有用性が最も明白なのは、一般的再現者が現在の時間のスケールに、ウィリアムスの「大地の時間」で示される時間のスケールをもたらすからである。「大地の時間は、私たちが忘れていたものを思い出す場所だ。自分たちだけがこの惑星で生きて夢を見ている種ではない」(217)。その意味において、大地が持つ時間のスケールと大地自体を、"actant"(行為者)と見なすことが可能であろう。(6) 一般的再現者の概念は、このように人間から「人間以外の行為体の形」にまで及ぶ可能性がある。たとえば「目撃者の木」(1541)、絶滅の危機に瀕している「グリズリー」(556)、「教育機関」としての「国立公園」(1816)から、「環境」(217)自体に至るまでである。そのようなものの時間のスケールを推し測ることがまた、必要とされるエージェントを発展させるかもしれない。遠い昔、そして現在における目の前の聴衆まで目撃者の間の溝を埋めるためにである。ある限界において、再現者が人間の時間スケールを超えて話すかもしれないというのは想像力に満ちた考えである。時空を超えたこの幻想的な夕イムトラベルをたどることで、ウィリアムスの語り手が「一〇〇から二〇〇の間の『目撃者の木』が見張りとしてとどまり」そして、「彼らが血で血を洗う戦いの間に耐えた何かを想像した」（1541）と言うとき、そのような象徴的なヒントを私たちは読むことになる。表面的には、この手の記述はある歴史的時代を枠付けるものであることは明らかだ。それでも、通常よりも広い視野に目を向けたほうがよいかもしれない。ウィリアムスの本に出てくる写真家ポール・ストランドが言うように、「私たちがアメリカと呼ぶこの何がしかは、その岩や空や海ほどは政治制度の中に生きているわけではない」（217）。人間は死すべき存在で、記憶は死とともに消去される。その一方で、アメリカという大地で体験された個人的な記憶は、ストーリーテラーによって人間の集合的記憶に再現され、その後、その岩や空や海によって大地の時間に再現され、相対化されうるのである。

三　日常の中の聖性としての再現

以上、『大地の時間』に描かれている再現という行為を利用した「一般的再現者」が、社会において果たしうる役割について考察した。私たちは、絶え間なく発信されるメッセージの流れが瞬く間に一つ前の経験の記憶すべてを消し去ってしまう時代に生きている。この情報革命を可能にする技術の進歩は、政治とビジネスの間の覇権争いを通じて地球を汚染した。その一方で社会そして地球を保護する苦労して得た知識が失われる危機にある。苦痛を伴う記憶であっても、広島と九・一一を忘れず、チェルノブイリや福島のような危険を遠ざけることが重要である。簡単に消えてはならないこれらの記憶や他の記憶の意識を社会で永続させるために（しかし、動きの速い世界では、それは一つの世代で失われる可能性がある）、テリー・テンペスト・ウィリアムスの『大地の時間』で示された歴史上の人物に扮する“reenactor”と呼ばれる人々に着想を得た、「一般的再現者」は、集合的記憶が簡単に失われるのを防ぐために必要な社会の機能として働き得るのである。

参考文献

Cook, Alexander. "The Use and Abuse of Historical Reenactment: Thoughts on Recent Trends in Public History", *Criticism*, Vol. 46, No. 3, Special Issue: Extreme and Sentimental History (Summer 2004), pp. 487-96.

Denning, Greg. *Mr Bligh's Bad Language: Passion, Power and Theater on H. M. Armed Vessel Bounty*. Cambridge UP, 1992.

Douglass, Frederick, et al. *Two Addresses on John Brown: Frederick Douglass' John Brown, Henry David Thoreau's A Plea for Captain John Brown*. CreateSpace Independent Publishing Platform, 2012.

Encyclopædia Britannica. “Remembering the American Civil War.” *Britannica Academic*, June 23, 2017, opac.shirayuri.ac.jp:2056/levels/collegiate/article/Remembering-the-American-Civil-War/544539. Accessed May 17, 2020.

——, "54th Regiment." *Britannica Academic*, June 23, 2017. opac.shirayuri.ac.jp:2056/levels/collegiate/article/54th-Regiment/605792. Accessed May 17, 2020.

"John Brown's Body The Battle Hymn of the Republic by Julia Ward Howe Historical Period: Civil War and Reconstruction, 1861-1877." *Library of Congress*, www.loc.gov/teachers/lyrical/songs/john_brown.html. Accessed August 26. 2020.

Latour, Bruno. *Down to Earth: Politics in the New Climatic Regime*. Polity, 2018.

——, "On Actor-Network Theory. A Few Clarifications plus More than a Few Complications." *Bruno Latour*, Sciences Po, 2014, www.bruno-latour.fr/sites/default/files/P-67%20ACTOR-NETWORK.pdf.

Williams, Terry Tempest. “Description.” *Coyote Clan -Books: When Women Were Birds*, www.coyoteclan.com/books/when_women_were_birds.html.

——, “Foreword: Double Vision.” *Walden*, By Henry David Thoreau, Shambhala Publications, 2004, pp.ix-xvii.

——, *The Hour of Land: A Personal Topography of America's National Parks*, Kindle ed. Sarah Crichton Books, 2017.

——, *Refuge: An Unnatural History of Family and Place*, Kindle ed. Vintage Books, 2001.

——, *When Women Were Birds*, Kindle ed. Sarah Crichton Books, 2012.

註

（1）ここで「一般的再現者」は、ゲティスバーグの章で登場する、特定の人物に扮して歴史を再現する人々とは区別される。社会にはそれぞれ、知識又は経験を保存し、適用するための異なるメカニズムがある。「一般的再現者」はこれらの可能なメカニズムの一つであると、ある特定の抽象化によって想定されうるものである。

（2）黒人指導者フレデリック・ダグラスはこの第五四マサチューセッツ歩兵連隊への兵士の勧誘を積極的に行っており、自分の息子二人も入隊させていた（“54th Massachusetts Infantry”）。

（3）「リパブリック讃歌」は北軍兵士の間で「ジョン・ブラウンの身体」としてよく知られていた。実際、この歌は南北戦争の奴隷制度廃止論者の英雄、ジョン・ブラウンに関連している。ジョン・ブラウンは政府の弾薬庫を襲撃、黒人奴隷を武装させて反乱を起こし、処刑されている。彼の死は歌に記されることで、再現される。集会の叫びとしてのこの歌は、奴隷制廃止を信じた北軍の兵士の間で人気があったと言われている（“John Brown's Body”）。さらに重要なことに、ウィリアムス自身が、ジョン・ブラウンの名前を著作で生かし続けてきたヘンリー・デイヴィッド・ソローの足跡をたどっている（“Foreword”）。彼女はある意味でソローを彼女の著作の中で再現し、彼の後継者と同じように、彼の市民的不服従のスタイルを受け継いでいる。その一方で黒人指導者でこの連隊組織にかかわったフレデリック・ダグラス自身はここでのブラウンのアプローチに賛成していなかった。

（4）批評家のブライアン・マクヘイルが一種の詩的なライセンスである「モック・ホークス」（疑似ほら話）と呼んでいるように、おそらく伝統的なアメリカの記念イベントの実行可能な役割として探求されうる（233）。

（5）Cf. 歴史家アレクサンダー・クックは"reenactment"について、「予測可能な未来において、再現という行為は公の歴史の一つの形式として今に留められる」と説明している（488）。

（6）ブルーノ・ラトゥアによると、「行動の元となるものとみなされるいかなるものは文字通り"actant"」であり、「それは人間の特定の行為者の動機も、人間一般の動機も内包していない」（"On Actor-Network Theory"）。

第４章　イタリアのシモーヌ・ヴェイユ

――映画『ニュー・シネマ・パラダイス』をめぐって――

今村　純子

はじめに

シモーヌ・ヴェイユは、生涯に二度イタリアを訪れている。一度目のミラノ滞在では、「わたしはミラノで生まれたかのように、ミラノは自分の居場所だと感じています」と、二度目のアッシジ滞在では、「もう少しでわたしを永遠に失うところでした」と両親に書き送っている。(1) シモーヌ・ヴェイユの思想がもっとも受け入れられているのもまたイタリアである。その「受け入れられ方」は、直接的な影響関係というよりも、芸術、文学、哲学のなかで、創る人に憑依して、創る人を触発するという形においてである。それは、イタリアの風土のうちにシモーヌ・ヴェイユ的なものが流れ、香り、漂っているということと無縁ではない。ヴェイユは、ペラン神父に宛てた手紙六通の末尾でこう繰り返す。「どうしてかはわかりませんが、わたしのような不充分な存在のうちに宿った考えに誰も注意を傾けようとしないならば、それらの考えは、わたしとともに埋もれてしまうでしょう。わたしがそう思っておりますように、それらの考えがうちに真理を有しているならば、残念なことです(2)」。ヴェイユのうちに宿ったこの考えの種はイタリアの大地に舞い降り、花開く、あるいは、ヴェイユ自身が見たかった果樹園がそもそもイタリアの地に存在していたとも言えよう。

現代イタリア思想を代表する哲学者ジョルジョ・アガンベン（Giorgio Agamben, 1942-）は、近年の著作のなかで、「『ホモ・サケル』の最初の巻よりわたしが決して放棄していない法の批判は、ヴェイユの論考のなかにその最初の根がある」[3]と述べている。アガンベンは法学部の卒業論文として、シモーヌ・ヴェイユの政治思想について著している。[4]そしてまたその執筆と同時期に、詩人で映画監督のパオロ・パゾリーニ（Paolo Pasolini, 1922-1975）のところに頻繁に出入りし、『奇跡の丘』（*Il Vangelo secondo Matteo*, 1964）にフィリポ役で出演している。当時は俳優として生きていこうと考えていたようである。それゆえヴェイユの論考「人格と聖なるもの」の人格とは、アガンベンにとって仮面としてのペルソナの意味も有している。そうした人物が現代思想を牽引する世界的な立役者でもあることはきわめて重要であろう。

他方で、ネオレアリズモの代表的な映画監督ロベルト・ロッセリーニ（Roberto Rossellini, 1906-77）は、『神の道化師 フランチェスコ』（*Francesco, giullare di Dio*, 1950）と『ヨーロッパ一九五一年』（*Europa '51*, 1952）をほぼ同時期に製作している。『神の道化師 フランチェスコ』は、職業的な俳優ではなく、実際のフランチェスコ会の修道士たちを役者として起用し、アッシジの美しい自然を背景に、聖フランチェスコの「清貧と放浪」をまさしく迫真のリアリズムで体現した作品である。一転して、『ヨーロッパ一九五一年』ではイングリッド・バーグマン演ずる上流階級の主人公が一人息子を喪うという悲劇を契機に、貧民や売春婦といった弱い人々のうちに降りてゆく。だが、世間体を重んじる主人公の家族は、そうした事態を「なかったこと」にすべく、夫の手によって彼女は精神病院に収容されてしまう。

このようなイタリアの思想的・芸術的風土には、シモーヌ・ヴェイユが述べる「聖なるもの」が生活のなかに息づいているであろう。ヴェイユが述べる「聖なるもの」とは、ヨブやイエスのような不条理に接して、「なぜなのか？」と心底から叫ぶ魂の部分である。それは同時に、不在の善を心の奥底から渇望する部分でもある。それゆえ刑罰もまた、罪を犯した人が非業な罰を被ることによって、この「なぜなのか？」と叫ぶ魂の部分を呼び覚ます手段にほかならない[5]。こうした見方は、「あらゆる欲望は善と幸福への欲望である」という深いプラトニズムに基づいている[6]。

本稿では、アカデミー外国語映画賞受賞作品でもある、ジュゼッペ・トルナトーレ（Giuseppe Tornatore, 1956-）監督『ニュー・シネマ・パラダイス』（*Nuovo cinema paradiso*, 1989）を取り上げ、映画という修辞の力を借りることによって、「イタリアのシモーヌ・ヴェイユ」というべきものを探究してみたい。

トルナトーレ監督長編第一作は、マフィア組織カモッラを獄中から統制してゆく、実在の人物ラファエレ・クートロ（Raffaele Cutolo, 1941-）をモデルにした『教授と呼ばれた男』（*Il camorrista*, 1986）である。自らがはじめて手がけた作品が凶悪犯罪者とされている人物にスポット・ライトを当てていることは、トルナトーレという監督の資質にとってきわめて重要であろう。そして、トルナトーレのうちにイタリアのシモーヌ・ヴェイユを見出そうとするならば、シモーヌ・ヴェイユとラファエレ・クートロという、一見したところ正反対に思われるふたりの人物のうちに共通して流れるものを見ることができよう。「キリストの磔刑を考えるたびに、わたしは羨望の罪を犯しております[7]」とヴェイユは述べている。受難においてヴェイユが何よりも深く洞察しているのは、刑罰の観念である。『教授と呼ばれた男』では、一時の激情による犯罪から人生の最盛期を獄中で過ごす教授こと主人公が、善を渇望しながら、権威・権力・名誉・金銭といった「力」に捉われるとき、有限のうちに無限を求めるという、善への欲望の転倒が描かれている。すなわち、苛酷であるのみならず、極限の屈辱的な状況にありながら、教授こと主人公は「見えなくされてしまった」人々に寄り添い、その人々に光を授けてゆく。だが強大な勢力を勝ちえたとき、自らをもっとも深く愛し、忠実である手下アルフレードの愛の深さから出た行為の意味を理解しえず、それを自らへの裏切りとみなし、アルフレードを殺害してしまうのである。このアルフレードが『ニュー・シネマ・パラダイス』で物語を決定づける、同名の映写技師に仮託されているのは言うまでもない。アルフレードとはまさしく、『ニュー・シネマ・パラダイス』の主人公トトの人生における、受難、受肉、復活を牽引してゆく媒介者であり、愛《エロース》である。

ところで、トルナトーレは、学校教育のなかで映画を学んだのではない。すでに一〇代前半から映写技師の見習いとして働き、一六歳にしてひとつの映画館を任される技師となった人物である。作中の人物アルフレードはトルナトーレ自らがもっとも敬愛する人物であるのと同時に、映写という労働を通してカットやモンタージュといった映画の理論や技法を独学で学んだ自負と映画への情熱のあらわれでもある。ヴェイユはこう述べている。「労働者が自らの注意力を傾けうるただひとつの感じられる対象は、素材、道具、自分の労働の身振りである。こうした対象そのものが、光を映し出す鏡に変容されなければ、労働しているあいだ、注意力があらゆる光源へと向かうことはない(8)」。まさしく映写という労働は、映写機から放たれる光そのものが、身体的・精神的労苦を通して、映写技師の魂を満たすものに変容されうるのだ(9)。

『ニュー・シネマ・パラダイス』は、今日にいたるまでのトルナトーレの全作品のなかで異彩を放っている。それはなにより、映写という労働の過程で見てきた、映画の巨人たちへの畏敬が漲っているからであろう。たとえば、作品中でも挿入されるルキノ・ヴィスコンティ（Luchino Visconti, 1906-76）の『揺れる大地』（*La terra trema: episodio del mare*, 1948）やフェデリコ・フェリーニ（Federico Fellini, 1920-93）の『青春群像』（*I Vitelloni*, 1953）といったイタリア映画を代表する巨匠たちの若き日の瑞々しい作品に、トルナトーレは圧倒され、恐れおののいたにちがいない。これらは、まさしくヴィスコンティやフェリーニにしか描きえない作品である。翻って自分にしか描きえないものは何かと問うたとき、それは、ヴィスコンティやフェリーニといったイタリアを代表する作家の作品群のみならず、チャップリンの喜劇であれ、シルヴィア・マンガーノのダンス映像であれ、自らの吐息のように自由自在にカットやモンタージュできるのみならず、それらを見つめる観客がその画の連なりをどう受け止めるか、その反応を、あたかも街に漂う匂いのように、頬を撫でる風のように熟知しており、それらを映像表現にあらわせるということである。ヴェイユはこう述べる。「肉体労働は芸術ではないし、学問でもない。だが肉体労働は、芸術や学問の価値に匹敵する絶対的な価値をもつ、芸術や学問とは別の何かである。というのも、肉体労働もまた、注意力の非人格的な形態に接近するために、芸術や学問と同等の可能性をもたらすからである」[10]。ジュジェッペ・トルナトーレという監督は、映写という労働を通してこの「注意力の非人格的な形態」を獲得した監督にほかならない。

一　見つめられる眼差し

映画はそれを観る人がいてはじめて誕生する。『教授と呼ばれた男』において、クートロがモデルとなった主人公が刑務所内という世界を見つめる目は、独房の鍵穴からの眼差しである。『マレーナ』（*Malena*, 2000）で戦地に赴いた夫を待つ主人公マレーナを見つめる目もまた、少年の眼差しである。あるいはまた、『題名のない子守唄』（*La Sconosciuta*, 2006）で主人公イレーナを商品として見定める人身売買の元締めの目もまた鍵穴からの視線である。だが、『ニュー・シネマ・パラダイス』で映写室の小窓からスクリーンを見つめる映写技師アルフレードの眼差しは、同時にトルナトーレ監督の眼差しであり、映画内の観客ひとりひとりの眼差しでもあり、またそれはこの映画を観るわたしたちひとりひとりの眼差しでもある。そこに、総合芸術たる映画の壮大な愛の伝播のかたちがある。ヴェイユはこう述べている。「芸術家の着想の結果生まれる作品は、それを観照する人々の着想の源泉となる。芸術作品を通して芸術家のうちにある愛は、人々の魂のうちに類似の愛を生み出す。こうしてあまねく宇宙に揺るぎない〈愛〉が働く」[11]。

また、ヴェイユは次のようにも述べる。「――〔「ヨハネによる福音書」冒頭の〕〈ロゴス〉を〈言葉〉と訳したことそれ自体が、すでに何かが失われたことを示しています。なぜなら、ロゴスとはなによりもまず関係を意味しており、プラトンやピュタゴラス派におけるアリトゥモスすなわち数という言葉の類義語だからです。――関係、すなわち均衡です。――均衡、すなわち調和です。――調和、すなわち媒介です。――わたしならこう訳すでしょう。「はじめに〈媒介〉があった」、と」[12]。『ニュー・シネマ・パラダイス』の舞台である教会兼映画館であるこの建物は、人と映画との関係が構築される場所である。すなわち、映画に応答し、映画に反発し、あるいは映画に恋する関係が映画を観る者の内側から創造されるありようが、カット・バックやオーバーラップを駆使して描き出されている。それは観客がスクリーンを見つめ、スクリーンと一体化するのみならず、スクリーンが観客を見つめ返し、観客と一体化する姿でもある。映画は観客の日常に浸透し、その日常と輪舞している。そのとき、映写室の技師アルフレードは、空気中に舞う塵をも映し出してしまうような透明な光そのものとなっている。そして映画とは、スクリーンに映し出された光の粒子であり、その実体は不在である。それゆえ、それは同時に、スクリーンを媒介にした、不在の神の愛へのわたしたちの愛の応答でもある[13]。

ヴェイユはこう述べる。「人間の約束は、その約束を人間にじっと見つめさせる強い動機と結び合わされなければ、効力をもたない」[14]。『ニュー・シネマ・パラダイス』では、教会という場所にあってキリスト像やマリア像が壊れたおもちゃのように戯画的に描かれている。それは、トトの目にはキリスト像やマリア像の存在が希薄に映るということである。それらには、フィルムの切れ端からセリフを繋ぎ、物語を紡いでゆくような、自らの想像力を駆使して世界との関係を構築してゆく強い動機が不在である【図Ⅰ】。さらに、幼いトトがこれほど映画にのめり込むのは、父の不在、母の焦燥、家計の逼迫と無関係ではない。映画があるからこそ、トトは見たくないもの、ないものにしたいことから目を背けず、現実を直視しうる。

図Ⅰ

ヴェイユはこうも述べている。「秘跡は、象徴と儀式として、純粋に人間的な価値をもっています。この局面において秘跡は、ある政党の歌、身振り、命令の言葉と本質的に異なりません」[15]。集団の統制のために不可欠な象徴と儀式、そして、およそ集団があるところどこにでも起こる「群れる」という現象は、教会とてその例外ではない。だが映画だけは、それを受け取る人それぞれの感覚に委ねられ、そうであるのと同時に、文盲の人も、貧困に喘ぐ人も等しく映画から何かを受け取り、何かを育んでゆく。

教区映画館であるこの映画館では、上映される映画のキス・シーンはすべて神父によってあらかじめ削除されている。そしてキス・シーンを切り取るべく身構える神父、映写室からスクリーンを見つめるアルフレード、カーテンの陰で隠れて密かに爛々と目を輝かせてスクリーンを見つめる主人公トト、三人の眼差しが収斂される一点こそが、スクリーンに投影される動く絵である。そこに映し出される、ジャン・ルノワール（Jean Renoir, 1894-1979）の『どん底』（*Les bas-fonds*, 1936）からトルナトーレがセレクトしたシーンは、借金で瓦解する寸前であるのに孤高に立つ姿であったり、愛が不在であるのに男にすがる姿であったり、あるいはまた、艱難辛苦を乗り越えて結ばれるかもしれない一瞬であったりする。それらはすべて、出会いと別れの善へと向けられている。ヴェイユはこう述べている。「友情にはふたつのかたちがある。それは、出会いと別れである。このふたつは切り離せない。これらふたつは同一の善であり、唯一の善である友情をうちに有している。というのも、友人ではないふたりが傍にいても、出会いはないからである。友人でないふたりが離れていても、別れはない。出会いと別れは、同一の善をうちに有しており、ひとしく善きものである(16)」。

二　純粋さとは何か

本作品のクライマックスである、映画館に入れなかった観客のために、アルフレードが映写機を一八〇度回転させ、広場に映画を映し出すシーンは、もっとも美しい場面であるのと同時に、天国から地獄への落下の瞬間でもある。悲劇は歓喜の絶頂に突如訪れる。光によって発火したフィルムは教会兼映画館を全焼させるのみならず、アルフレードは映写技師に不可欠な視力を失ってしまう。映画という光が、人工物であるがゆえに、人間から光を奪い去ってしまうのである。

そもそも映画『ニュー・シネマ・パラダイス』は、アルフレードの訃報から始められる。どうにも手の届かないもの、取り返しのつかないもの、二度とは戻らないものへの眼差しが、本作品の出発点である。そして一晩で主人公が思い出す幼少期、思春期の記憶のなかでも、たとえば、戦争が終わって八年経っても戻らない夫を待ち続ける母親に対して幼いトトは、「お父さんはもう戻らないよ」と述べ、現実を見据えている。それが可能であるのは、現実とは別の、フィルムという物質を一コマ一コマ見つめることで自ら物語を構築する力をトトがもっているからにほかならない。「純粋さとは汚れをじっと見つめる注意力である」[17]、とヴェイユは述べている。そして父の訃報を知る契機もまた映画館での上映映像からである。悲嘆に暮れる母親の傍で、トトは、スカーレット・オハラとレット・バトラーのキス・シーンのポスターを見つめている【図II】。人が否応なく滞留せざるをえないときでも、

図II

映画は、その残像は、いつでも、どこでも、映画を愛する人の心のうちに流れている。そして、流れていなければ、滞留してしまえば、わたしたちの生は濁ってしまい、腐敗してしまうであろう。

　映画館に入れず広場に溢れ出る人々を映写室から眺めるアルフレードは、「群衆は考えない、何をするかわからない、スペンサー・トレーシーの科白だ」と傍にいるトトに述べる。この科白は、フリッツ・ラング『激怒』(*Fritz Lang, Fury*, 1936)で、スペンサー・トレーシー扮する主人公が発する言葉である。主人公は濡れ衣で逮捕され、犯人が逮捕されたという噂が町中を駆け巡り、主人公は大衆によって焼き殺されそうになる。「激怒」とは文字通り、集団と化した大衆の思考停止したありようの極北であり、そうした大衆の暴力性に対する主人公の激情でもある。だが『ニュー・シネマ・パラダイス』では一転して、この科白から導き出されるアルフレードの行為は、「言葉ではなく、目で見るものを信じよ、アブラカダブラ」と、映写機を一八〇度回転させ、広場に面した建物に映画を映し出す、華麗で壮大な瞬間を生み出す。主人公と同じ名をもつ

喜劇王トト主演の『ヴィッジュの消防士たち』（Mario Mattoli, *I Pompieri di Viggiu*, 1949）に大衆は歓喜し、美しい夜の帳に酔いしれる。ヴェイユはこう述べる。「アッシジの聖フランチェスコは、十字架にかけられたキリストの裸性と貧しさに釘付けになった考えをつねにもっていた。十字架の聖ヨハネは、精神の裸性以外の何もこの世界に望んでいなかった。だが、かれらが裸であるのを堪え忍んでいたならば、それは、かれらが葡萄酒に酔っていたからである」[18]。聖体拝領の秘跡にも、ハムが帳のなかで裸になるのにも、葡萄酒の酔いが不可欠であった。そうであるならば、映画に酔う大衆の姿とはまさしく、ヴェイユが述べる美と詩を享受した姿にほかならない[19]。

だがこの壮大で華麗な瞬間こそが、まさしくアルフレードを焼き殺しかねない刹那なのである。あれほど注意していたフィルムへの引火がこの歓喜の瞬間にだけはなおざりにされている。それはなにより、映画館の室内から広場の屋外へと映写機を反転させ、たったひとりの人、幼いトトに宇宙と一体化する映画を見せたかったからである。ここで、教授に裏切りとみなされ、殺されかねないのがわかっていながら、あえて傍に居続け、教授を見守る、『教授と呼ばれた男』のアルフレードと、『ニュー・シネマ・パラダイス』のアルフレードが重なり合う。自己を忘れ去るほどに、愛したい他者が存在している——それがこのふたりのアルフレードの実存の核心である。そして主人公が魅惑的であり続けるのは、このふたりのアルフレードの存在あってこそである。だがそのことは主人公本人には知られていない。その知らされていない最たるものが、映画のラストに凝縮されている。

『ニュー・シネマ・パラダイス』のラスト・シーン、映画史に残る様々な映画の名キス・シーンだけが繋がれたフィルムの上映を大人になった主人公トトが見つめる場面は、なぜかくも美しいのであろうか。それは、神父の指示で切り取られたキス・シーンを欲しがる幼いトトとのアルフレードの約束、「これは全部お前にやる、だが俺が保管する」という約束だけがスクリーンに鮮やかに息づいているからである。ローマに帰って試写室で映写することのシーンは、故郷シチリアで閉鎖され、廃墟となった映画館が爆破されたシーンの直後に続いている。映画館〝シネマ・パラライス〟は、昼間は教会であり、夜は映画館となる教区映画館であった。教会のオルガンの位置に映写室があり、そこから演奏が流れるかのように、音だけではなく、光が流れてくる。音と光は聖霊の役割を果たしており、祭壇の位置にスクリーンが設えられている。すなわち、聖体拝領でパンと葡萄酒を人々が拝受する場所こそがスクリーンなのである。カトリックの聖体拝領において、パンのかけらがキリストの身体であり、葡萄酒がキリストの血であると文字通りに信じる人は誰もいないであろう。それらは、この世に不在の神との約束の象徴にほかならない。このラスト・シーンは、長じて映画監督となったトトのみならず、これまでこの映画を観てきた者それぞれに否応なく「じっと見つめさせる[20]」力がある出会いと別れが凝縮されたシーンである。いみじくも、このラスト・シーンで映写技師として映写室に立つのは、トルナトーレ本人である[21]。このシーンにはなにより、「芸術作品を通して芸術家のうちにある愛は、人々の魂のうちに類似の愛を生み出す[22]」とヴェイユが述べるように、トルナトーレの愛が息づいているからこそ、映画を観るわたしたちひとりひとりを途轍もなく魅了するのである。

さらに、このシーンを格別なものとしているのは、本作以降、トルナトーレ全作品の音楽を担当する、エンニオ・モリコーネ（Ennio Morricone, 1928-2020）の音楽との輪舞があるからである。この音楽は、アルフレードとトトが、死者と生者という無限の距離に隔てられているからこそ、ふたりを結びつけ、ふたりを輪舞させている。また、この無限に隔てられた者同士の輪舞がモリコーネの音楽をかぎりなく悲痛で甘美なものにしている。ヴェイユは述べている。「キリストの叫びと〈父〉の沈黙とが交響し、至高の調和を奏でる。あらゆる音楽はその模倣にほかならず、わたしたちのうちで最高度に悲痛で甘美な調和による音楽であっても、この至高の調和にははるかに及ばない。全宇宙はその微小なかけらであるわたしたち自身の存在も含め、この至高の調和の振動にすぎない[23]」、と。

三　時と場所

子どもと大人は、人生において二度、出会う。子どもは大人の優しさ、寛大さを真に理解しているわけではない。ただ、息遣いや立ち居振る舞いに、漠然と何かを感じとるだけである【図III】。あたかも教会の鐘の響きへと連なる音の連鎖の記憶のように、長じてその身体感覚が息を吹き返す。それゆえにこそ、大人になって受け取った幼い頃の約束は格別の響きを有している。

図 III

『ニュー・シネマ・パラダイス』でトトの思春期に生き別れとなる恋人エレナとの関係はそもそもきわめて歪なものである。夏休み中、野外映画館で一日中労働をしているトトとは対照的に、エレナはトランプをしたり、本を読んだりといった無為の時を過ごしている。労苦の後にエレナの手紙を読むトトの時間と、無為の時にトトを想うエレナの時間はその質を異にしている。物語の中盤、身分の違う兵士と王女が結ばれる最後の日に兵士が去ってしまうというお伽話をアルフレードはトトにする。トトにとってエレナとは、まさしくこのお伽話のように、永遠に手に入らない憧憬としてのみ輝く存在である。

トルナトーレの作品の主人公は、人生に打ち負かされた人物であるか、あるいは成功者であっても部分的には完全に敗北している。トトは映画監督としては大成功している。だが私生活では、思春期のエレナへの憧憬だけがあり、心許せる女性がひとりもいない。打ち負かされた人物や部分的な敗者がなぜ美しくわたしたちの心に響くのであろうか。それは、どうにも手の届かないもの、二度と取り戻せないもの、取り返しのつかないものを抱いて生きる姿には、有限な自らの存在を超えた無限への憧憬が内包されているからである。

たった一年の兵役のあいだに、故郷は見知らぬ街のようになり、恋人のエレナの行方はわからなくなってしまう。そして見知らぬ映写技師がそれなりに映画館を回している。だが映画館が面している広場は変わらず存在し、そこには強い太陽の日差しが降り注いでいる。トトのことを覚えているのは一匹の犬と浜辺の錨だけである。このときトトは、限りあるものと限りないものとの、有限と無限との交差点に立っている。他方でアルフレードは、一年のトトの不在のあいだに、「話すのも、黙っているのも同じことだ。黙っているほうがいい」と人と会わない生活を送っている。ここには盲目になったことによるアルフレードの社会的失墜という色合いが滲み出ているであろう。その自らの実存を振り切るように、アルフレードは故郷を出るようトトを促す。「もうお前には会わない、お前の噂を聴きたい」というアルフレードの言葉には、動かず、語らず、トトの息遣い、トトの肌触り、そしてトトの表現をどう他人が受け取ったのか、そのありようを聴くことで自らの生を胎動させてゆこうとする決意が漲っている。離れているからこそ、つながる。それは、アルフレードがこの世にすでに不在であるからこそ、アルフレードの約束だけが鮮烈に息づいているキス・シーンの凝縮されたラスト・シーンのように、音楽、そして詩が流れ出すには、距離の自覚が不可欠だからである。そしてまた労働の労苦に見て取れるように、「人生はお前が見た映画とは違う、人生はもっと困難なもの」だからである。アルフレードはトトとの別れ際にこう述べる。「帰ってくるな。わたしたちのことを忘れろ［…］自分のすることを愛せ。幼い頃映写室を愛したように」。それはあたかもシリウス星の遠さについて語り合った少年と別れ、その別れに友人たちとの別れをオーバーラップさせてゆく、フェリーニ監督『青春群像』ラスト・シーンへのオマージュのように、列車が駅から離れ、主人公は故郷の親しい人々と離れてゆく【図Ⅳ】。

図 IV

ところで、本作中にも挿入されるピエトロ・ジェルミ監督『無法者の掟』(Pietro Germi, *In nome della legge*, 1948) では、殺人や掠奪が横行するシチリアの街で、「ボンジョールノ」、「ブォナ・セーラ」と堂々と暗闇のカフェに入ってゆく人々のありようが描かれている。それは同時に殺人や掠奪を恐れぬ、意志を奮い立たせる姿でもある。そして、『ニュー・シネマ・パラダイス』では、この「ボンジョールノ」、「ブォナ・セーラ」が、映画の上映中に映画館に入る挨拶として使われている。一見したところ奇妙に思えるこれらの挨拶は、映画館の暗闇への信頼の証しでもある。実のところ作品のなかでは、マフィアのボスが鑑賞中に射殺され、その席に花が添えられているシーンが一瞬挿入されている。だが、少なくともマフィアのボスは、映画に夢中になっているあいだは殺害の恐怖を感じていなかったにちがいない。そして本作中の『無法者の掟』の挿入シーンとは、「メッサーナ、法の名によって逮捕する」と若い裁判官が殺人者を逮捕する『無法者の掟』ラスト・シーンである。それが可能となったのは、マフィアのボスがマフィアの掟に則って犯人を主人公に差し出したからである。裁判官にもマフィアにも秩序と規律がある。ここで揶揄されているのは、日和見主義で、自己中心的で、浮き草のように強い者に巻かれてゆく大衆の姿である。とはいえ、マフィアのボスの華麗さの背景には、マフィアが集団である以上、「群れ」の陥穽が見え隠れしている。だが、〝シネマ・パラダイス〟や再生した〝ニュー・シネマ・パラダイス〟で映画を観る人々の姿、あるいは、映画を見終わって広場へと出てくる人々の姿には、あらゆる階級、あらゆる差別や偏見を超えて、まさしく、万人に等しく降り注ぐシチリアの強い日差しと同様に、万人が映画から何かを触発され、己れの何かが動いてゆくありようが描かれている。人々が映画を観ることとは、裁判官とマフィアとの抗争や和解でもなければ、大衆の怠惰や黙殺でもない。あるいはまた群れとなることによる思考停止でもない。それは、明くる日もそれぞれの日常を息づかせる覚醒であり、無限への憧憬の只中にあるということである。

『ニュー・シネマ・パラダイス』のみならず、シチリアを舞台にした映画では、広場がつねに煌々と描かれている。それはあたかもシチリアの強い太陽の光を浴びて植物の葉緑素がエネルギーを出すかのごとくである。陽光の降り注ぐ広場での交流や交易と、暗闇の映画館で想像力が研ぎ澄まされたなかでの愛撫や授乳といった自分の家にいるような営みの対照は、車の両輪のようにわたしたちの生を活き活きと運搬してゆく。

結びに代えて

何を見ても、何を聞いても、何に触れても、すべてがひとつの大切な事柄に結びつく。それはわたしたちの記憶のメカニズムの豊穣さである。現在の部屋の風鈴の音は、幼少時代の教会の鐘楼の鐘に、そこからキャメラがパンして映し出す教会の小部屋でおこなわれる聖体拝領の振鈴の音へと連鎖してゆく。あるいは、教室で同級生のボッチャが先生に叱られ、頭を叩かれるその音は、そのまま映写室でアルフレードがフィルムの缶を叩く音へと連鎖してゆく。あるいはまた、広場に鳴り響くアルフレードの怒声は、そのまま見知らぬ人が宝くじに当たった歓声にかき消されてゆく。そして、シチリアの強い陽光を受け止める広場はまた、人々が出会い、触れ合い、そして別れてゆく場所でもある。ヴェイユはこう述べている。「わたしたちを取り巻く人は、ただそこにいるというだけで、わたしたちの身体がかすかに示す身振りのひとつひとつを止め、抑え、変える、その人だけの権能をもつ。通りで人とすれ違うとき、ポスターの横を通り過ぎるのとは異なる仕方で歩く。来客があるとき、部屋でひとりでいるのとは異なる仕方で、立ったり、歩いたり、座ったりする」[24]。人々の交流や交易は、時代の移り変わりによって廃墟となり、やがて灰塵と化す映画館〝ニュー・シネマ・パラダイス〟と同様、やがて無へと帰する。だがその残像だけは永遠に人々の心に息づいている。そして映画とはなにより、残像の芸術であったことを思い出そう。

この世にはじめて誕生した映画は、一日の労働を終えて工場から出てくる人々を撮った、リュミエール兄弟の『工場の出口』(Louis Lumière, *La Sortie de l'usine Lumière à Lyon*, 1895)である。人々が工場から出てくる同じこの瞬間にヴェイユが見たものは、「夕方、工場の出口で、物腰や眼差しや唇に刻み込まれた皺を際立たせている、深刻で根源的な疲労、身体における以上の魂の疲労」[25]であった。暗い映写室にはリールが回る規則的な音が鳴り響いている。リールを回転させる映写機は、まさしくフィルムという直線運動を円環運動へと変えてゆく魔法の機械である。その円環運動が生み出す光は、映画館から出てくる人々の朗らかな表情となって産出される。ヴェイユはこう述べる。「赤ん坊が母親の微笑や声の抑揚のうちに自分に向けられた愛の徴を見出すように、わたしたちは感性にあらわれる美を通して世界の魂を知覚する」[26]。映画館から出てくる人々の表情は、かれらのうちに愛が宿っている徴であり、そしてまた、内側から溢れ出る美の感情は、世界の魂に触れた証しでもある。

ところで、トルナトーレがひとつの映画館の映写技師となった一六歳という年齢は、シモーヌ・ヴェイユがはじめての論考「『グリム童話』における六羽の白鳥の物語」(一九二六年)を著したその同じ歳である。この論考でヴェイユはこう述べている。「行為するのが難しいのではけっしてない。わたしたちはつねに行為しすぎている。しかもたえず無秩序な行為に拡散している。アネモネで六枚のシャツを縫い、沈黙していること、ここにこそわたしたちが権能を手にするたったひとつの手段がある」[27]。トルナトーレは、同世代の子どもたちが学校社会で守られ、知性を育んでいる時期に、ひとり孤独に狭い映写室でリールを回し続ける生活を送っている。動かず、笑わず、「じっと堪え忍ぶ」その姿は、あたかも自らが回す映写機が放ち、スクリーンから反射された光によって成長してゆく植物のようである。そのスクリーンからの光は、また人々の息遣い、表情、眼差しを敏感に感じ取り、それらを表現してゆくトルナトーレの並々ならぬ感性と粘り強さをも熟成していったであろう。

『ニュー・シネマ・パラダイス』のプロデューサー、フランコ・クリスタルディ（Franco Cristaldi, 1924-92）は、カンヌ国際映画祭審査員特別賞受賞時にこう述べている。「わたしは一〇〇本近い映画を作ってきたが、今回カンヌに出品した映画を第一作のように感じている。イタリア映画や世界の映画全般の危機が語られている。それは、産業の一極集中や配給やテレビなどに関する重大な問題のことである。そうした映画における闘いで我々が勝てることがあるとすれば、それはトルナトーレ氏の言う映画作りにかける愛情である。ある金曜の夜、わたしはかれの脚本を読んだ。月曜の朝、面識のなかったかれに電話をかけて言った。『わたしがこの映画を実現させよう』、と」[28]。ここで語られているトルナトーレの情熱とは、祈りに近いものであろう。それはあたかも、幼いトトが自分の大切にしているフィルムの切れ端と両親の写真を自分の手で一緒にしまうことで、父親の帰還を祈るようなものである。トルナトーレのどの作品も、かれのいずれの作品とも似ていない。デビュー作『教授と呼ばれた男』から最新作『ある天文学者の恋文』（*The Correspondence*, 2016）まで、すべて第一作目のように感じられる。それはまさしく『ニュー・シネマ・パラダイス』でトルナトーレが直截に表現したように、過去の映画への畏敬から発するものである。別の言い方をするならば、どの映画も過去の映画の何かを敷衍しているということであろう。それはあたかもヴェイユが、ギリシア神話やプラトンの著作を自由自在に敷衍して自らの思想を形成してゆき、そうして創造された思想を自分のうちに宿った「預かり物」と称する姿勢と通じるものがあるだろう。

わたしたちを取り巻く世界は、不条理や不合理に溢れている。理不尽な差別や偏見は、いたるところに、つねに跋扈している。そうした現実の表面的な世界よりも、心の内面の詩的な世界のほうがはるかに豊かであり、はるかにリアリティがある。芸術が、映画が寄って立つのは、ヴェイユが述べる「日常生活の実体そのものが詩であること」においてである。なぜなら、「美は語らない。美は何も言わない。だが、美には呼びかける声がある。美は呼びかける、そして声なき正義と真理をあらわし出す(29)」からである。このダイナミズムに心打たれるとき、またひとつ新たな物語が創られ、愛され、育まれるであろう。

図版：『ニュー・シネマ・パラダイス』［劇場公開版（上映時間一二三分）］一九八八年。ＤＶＤ版（二〇〇九年発売、販売元アスミック・エース）より。
監督：ジュゼッペ・トルナトーレ
出演：フィリップ・ノワレ、サルヴァトーレ・カシオ、マリオ・レオナルディ、ジャック・ペラン、アニエーゼ・ナーノ
字幕：日本語、イタリア語
言語：イタリア語（Mono）
図Ⅰ　00:15:24
図Ⅱ　00:45:57
図Ⅲ　00:27:53
図Ⅳ　01:41:42

註

（１）*Œuvres complètes de Simone Weil, Tome VII, volume 1, Correspondance I*, Paris, Gallimard, 2012, p.207, p.218.
（２）シモーヌ・ヴェイユ、今村純子訳『神を待ちのぞむ』河出書房新社、二〇二〇年、一五〇―一五一頁。
（３）Giorgio Aganben, *Autoritratto nello studio*, Milano, nottetempo, 2017. ジョルジョ・アガンベン、岡田温司訳『書斎の自画像』月曜社、二〇一九年、七四頁。ここで述べられているヴェイユの論考とは、「人格と聖なるもの」のことである。シモーヌ・ヴェイユ、今村純子訳「人格と聖なるもの」『シモーヌ・ヴェイユ アンソロジー』河出文庫、二〇一八年、三〇九―一七八頁。
（４）「コッペレ広場の書斎の書架には、写真に映ってはいないが、シモーヌ・ヴェイユのプロン社版の『カイエ』がいつも目に付くところに置いてあった。この本は、一九六四年にパリのモンパルナス大通りにあるチャン書店で購入したもので、このころはこの本屋に足しげく通っていた。ローマに帰ってそれをエルサに読んで聞いてもらうと、彼女は眩惑されたようになった。わたしもまた同様で、法哲学の卒業論文をシモーヌ・ヴェイユの思想に捧げようと決心したのも、それゆえのことである」。前掲、『書斎の自画像』七一―七二頁。
（５）シモーヌ・ヴェイユ、前掲「人格と聖なるもの」『シモーヌ・ヴェイユ アンソロジー』一七〇頁。
（６）プラトン『饗宴』205d、シモーヌ・ヴェイユ、今村純子訳「『饗宴』註解」『前キリスト教的直観』法政大学出版局、二〇一一年、八〇頁で引用。ヴェイユはこう述べている。「プラトンは、その神話でけっしてすべてを語ってはいない。だから、神話を敷衍することは恣意的な解釈をすることではない。むしろ、敷衍しないほうが恣意的な解釈をすることになろう」。同前、五四頁。そうであるならばまた、ヴェイユの思想を芸術において、哲学において、最大限に敷衍しているのもまたイタリアであろう。
（７）シモーヌ・ヴェイユ「手紙IV　精神的自叙伝」、前掲『神を待ちのぞむ』一二六頁。
（８）シモーヌ・ヴェイユ「奴隷的でない労働の第一条件」、前掲『シモーヌ・ヴェイユ アンソロジー』二一二―二一三頁。

(9)トルナトーレはこう語っている。「指にタコができた。いつもフィルムを点検していたからね。使えない古いフィルムも届くから、点検が必要なんだ。だからわたしの手には、映画との関係を示す肉体的な特徴が表れていた。その関係は一生続くことになる」。ルチアーノ・バルカローリ/ジェラルド・パニチ監督『トルナトーレ 我が映画人生』(Luciano Barcaroli e Gerardo Panichi, *Giuseppe Tornatore: Ogni film un'opera prima*, 2012)、ギャガ、二〇一六年。

(10)シモーヌ・ヴェイユ「人格と聖なるもの」、前掲『シモーヌ・ヴェイユ アンソロジー』三三三頁。

(11)シモーヌ・ヴェイユ「『ティマイオス』註解」、前掲『前キリスト教的直観』四五頁。

(12)Simone Weil, *Lettre à un religieux*, Paris, Gallimard, 1951, p.46.

(13)ヴェイユはこう述べている。「わたしたちが神に向けて自らを否定しうることをわたしたちに示すために、神は自らを否定した。この応答、この照応を拒絶するのはわたしたち次第である。そしてこの応答、この照応だけが、創造の行為という愛の狂気を正当化しうる」。シモーヌ・ヴェイユ「神への暗々裏の愛の諸形態」、前掲『神を待ちのぞむ』二一一―二一二頁。

(14)シモーヌ・ヴェイユ「神への暗々裏の愛の諸形態」、前掲『神を待ちのぞむ』二五五頁。

(15)シモーヌ・ヴェイユ「手紙I 洗礼のためらい」、前掲『神を待ちのぞむ』七二頁。

(16)シモーヌ・ヴェイユ「神への愛と不幸」、前掲『神を待ちのぞむ』一八六頁。/前掲『シモーヌ・ヴェイユ アンソロジー』二四八頁、強調引用者。

(17)*Œuvres complètes de Simone Weil, Tome VI, volume 2, Cahiers 2 (septembre 1941- février 1942)*, Paris, Gallimard, 1997, p.401.

(18)シモーヌ・ヴェイユ「ノアの三人の息子と地中海文明の歴史」、前掲『神を待ちのぞむ』三〇八―三〇九頁。

(19)「大衆は、自らの欲望すべてをすでに自分が所有しているものに向けることを余儀なくされているのだから、美は大衆のためにあり、大衆は美のためにある。他の社会的条件にある人にとって詩は贅沢である。大衆は、パンのように詩を必要としている。言葉のなかに閉じ込められた詩ではない。そうしたものは、それ自体、大衆の何の役にも立たない。大衆が必要としているのは、その人の日常生活の実体それ自体が詩であるということだ」。シモーヌ・ヴェイユ「奴隷的でない労働の第一条件」、前掲『シモーヌ・ヴェイユ アンソロジー』二一〇頁。
(20) シモーヌ・ヴェイユ「神への暗々裏の愛の諸形態」、前掲『神を待ちのぞむ』二五五頁。
(21) トルナトーレは次のように語っている。「映写技師をわたしがやるというアイデアを提案したのはわたしではない。フェデリコ・フェリーニだ。わたしはかれにやってほしかった。映画界の永遠の聖職者であるかれに出てもらいたかった。それがわたしのアイデアだった。クリスタルディはフェリーニに頼んでくれた。フェリーニは、まるで了承するかのような印象で、断りの返事をくれた。かれらしい洒落た断り方だ。その理由がとても面白いので紹介しよう。いまもその手紙をもっている。こう書かれてあった。『わたしのような顔の知られた者が出ることは、これほどまでに感動的なシーンの邪魔になる。観客はわたしを見て〝老けたな〟、〝ハゲたな〟なんて思う。だから誰もなんとも思わない無名の人でないといけない。それはトルナトーレだ』」。『ニュー・シネマ・パラダイス』［完全オリジナル版］DVD、監督オーディオ・コメンタリー、アスミック、二〇〇六年。
(22) シモーヌ・ヴェイユ「『ティマイオス』註解」、前掲『前キリスト教的直観』四五頁。
(23) シモーヌ・ヴェイユ「ピタゴラス派の学説について」、前掲『前キリスト教的直観』一九五頁。
(24) シモーヌ・ヴェイユ「『イーリアス』、あるいは力の詩篇」、前掲『シモーヌ・ヴェイユ アンソロジー』一一六―一一七頁。
(25) シモーヌ・ヴェイユ「工場生活の経験」、同前、九八頁。
(26) シモーヌ・ヴェイユ「『ティマイオス』註解」、前掲『前キリスト教的直観』四三頁。
(27) シモーヌ・ヴェイユ「『グリム童話』における六羽の白鳥の物語」、前掲『シモーヌ・ヴェイユ アンソロジー』二六頁。
(28) 前掲、ルチアーノ・バルカローリ／ジェラルド・パニチ監督『トルナトーレ　我が映画人生』。
(29) シモーヌ・ヴェイユ「人格と聖なるもの」、前掲『シモーヌ・ヴェイユ アンソロジー』三六六頁。

第5章　有限の詩学

――イヴ・ボヌフォワのボードレール論をめぐって――

海老根　龍介

はじめに

現代フランスを代表する詩人のひとり、イヴ・ボヌフォワ（一九二三―二〇一六年）は二〇一四年に『ボードレールの世紀（*Le Siècle de Baudelaire*）』という著作を発表している。ボヌフォワによれば、少なくとも西洋では、人間がもはや神を信じ得ないという精神上の大転換が進行し、それに伴って詩の果たす役割にも大きな変化が生じたのが一九世紀という時代であり、そんな新たな条件を正面から引き受けた最初の詩人がシャルル・ボードレール（一八二一―一八六七年）であったことになる。「詩とはなにか」という問いに十分な形で答えるのは難しいが、神という超越的存在の自明性に揺らぎが生じた以上、言語によってそこへの回路を開く手段と見なすことは困難であり、超越や理想、無限との関わりにおいて人間の生を捉えるかわりに、その有限性を積極的に受容し肯定する方途として詩を位置づけなおしたところに、ボードレール詩学の可能性を見たのである(1)。

有限な存在としての詩人が同じく有限な存在である他者とその有限性のうちで関係を結ぶこと。ボヌフォワから見ると、こうした志向にボードレール詩学の意義があったのだが、いささか逆説的ながら、その意義は詩人が超越、理想、無限を追求する反対の姿勢を抱き続けたことによってよりいっそう、際立つものとなっている。以下でボヌフォワがその初期の仕事から、ボードレールの特権的な詩篇として、大きな関心を示し続けた二篇について、ボヌフォワ自身の見解を見ていくことにしよう。(2)

一　「私的な」詩篇

ボードレールの生前唯一の韻文詩集『悪の華（*Les Fleurs du mal*）』は、一八五七年に初版が刊行された後、一部の詩篇が公序良俗に反するとして有罪判決を受け削除を命じられた。六篇の削除に応じたうえで、新たに三五篇を加え、構成も大幅に変更して、一八六一年に刊行されたのが第二版である。初版と第二版の構成上の違いのうちで、もっとも大きいのは第二版では「パリ情景（Tableaux parisiens）」と題された、パリという近代大都市を舞台とする詩篇を集めた一章が設けられたことである。ボヌフォワが重視する二篇、「私は忘れていない、町の近くの……（Je n'ai pas oublié, voisine de la ville）」と「あなたが妬んでいた、気高い心のあの女中は……（La servante au grand cœur dont vous étiez jalouse）」は、いずれも一八四〇年代前半には制作されていたことがわかっており、『悪の華』初版にも収録されていたが、第二版でこの「パリ情景」の章に並んで収められた。

初版の出版後の一八五八年に、ボードレールは母親のカロリーヌに向けて次のような手紙を送っている。

ということは、『悪の華』の中にお母さんに関係のある、あるいは少なくともかつての僕たちの暮らし、僕に特別で悲しい思い出の数々を残したやもめ時代の、私的な細かなあれこれをほのめかす二つの詩が含まれていたことに、気づかなかったのでしょうか？　一つは「私は忘れていない、町の近くの……」（ヌイイ）、それに続くもう一つが「あなたが妬んでいた、気高い心のあの女中は……」（マリエット）です。僕はこれらの詩に題名もつけなかったし、はっきりした指標も残さなかったのですが、それというのも、家族の私的な事柄を売り物にして汚すのが怖いからです。(3)

二篇は初版でも第二版でも並べて収められているが、両者で順序は逆になっており、この手紙では「パリ情景」に含まれた第二版の順序で言及されている。「やもめ時代」というのは、実父フランソワ・ボードレールがシャルルがまだ五歳の一八二七年二月に死去し、翌年に母親が新たな夫オーピック少佐を迎えるまでの期間を指していて、とりわけパリ近郊のヌイイで母子で過ごしたひと夏を、のちに詩人は「母親の愛情に満ちた良いとき」だったと、母親への別の手紙に書き残した。(4)「良いとき」は長くは続かず、母子は秋にはヌイイを去り、冬以降、早くも未亡人はオーピック少佐との関係を深めていく。シャルルの世話は女中のマリエットに次第に委ねられるようになり、母子の親密な関わりを奪われたシャルルは、母親のうちに一人の女性、一つの美的かつ性的対象を認める傾向を持つようになった。(5)「女性たちへの早熟な嗜好。私は毛皮の匂いと女性の匂いを混同していた。私は思い出す…　結局、私は母親を優雅さゆえに愛していたのだ(6)」。

ボードレールは母親に、二篇の詩がこの頃の記憶を主題としたものでありながら、タイトルや具体的な指標によって、他人にもわかるような形で私的な体験に結びつけるのを控えたと明言している。しかしこれは言い換えれば、詩人や母親にとってはごく私的な事柄をうたいながら、他人にとってはそうした個別性を持たない、誰にでも当てはまる普遍性を備えた詩篇として、二篇が提示されたことを示してもいるだろう。個別の出来事や体験がその個別性を保ちながら、より普遍的な意味をも指し示すという寓意性は、とくに後期のボードレールが意識的に追求した境地であり、「私は忘れていない、町の近くの……」と「あなたが妬んでいた、気高い心のあの女中は……」は、その強い私性によって『悪の華』の中で特異な存在感を示す一方で、極度の私性がそのまま普遍性を獲得するという点で、ボードレール詩学の特徴がもっとも先鋭的に現れた例と見なすこともできるのである。

二　幸福な記憶と排除のメカニズム

以上をふまえて、二篇を具体的に見ていこう。まず「私は忘れていない、町の近くの……」を全篇引用する。

私は忘れていない、町の近くの、
小さいけれど閑静な、私たちの白い家を。
石膏のポモナと古びたウェヌスがあって、
貧弱な木叢がその裸の手足を隠していた。
夕方には、太陽が、輝きをあふれさせながら堂々と、
光の束が砕けるガラス窓越しに、
知りたがりの空に見開かれた大きな目さながら、
長くて無言の私たちの夕食を眺めているかのようだった、
つましいテーブルクロスや、サージのカーテンの上に、

ろうそくの美しい反射をたっぷりと広げながら。[7]

注意すべき点はいくつかある。一行目の「私」と二行目と八行目の「私たち」の関係はどのようなものだろうか。すでに見たように、この詩篇はヌイイでの母子の幸福な時間をうたったもので、詩人はそれに気づくことを母親に求めていた。したがって少なくともボードレールにとって、「私」は詩人自身、「私たち」は詩人とその母親を指していて、詩の宛先として「あなた＝母親」が暗に前提されていたと考えられる。あのときのことを「私」は忘れていない、しかしともに充実した時間を過ごしたはずの「あなた」はそれを覚えていないのかという問いかけが、ここには含まれているわけである。[8]ただこの問いかけには、実のところ、二つの意味が込められている。一つが「私」と記憶を共有してくれない母親に対する非難であるのは見やすいが、それとは逆に、もう一つ、「私」にとっての満ち足りた時間は、夫を失ったばかりの母親にはそうではなかったのではないかという自問もある。というのも、ボードレールは一八六一年に母親に宛てた手紙の中で、ヌイイでの「母親の愛情に満ちた良いとき」について、「おそらくお母さんからすれば悪いときを、良いときと呼ぶことを許してください」と述べているからだ。[9]自分が詩の力で呼び戻す幸福な過去は、母親にとって必ずしも幸福なものではなく、その共有を相手に強要することは一つの暴力に他ならないのではないか。伝記的事実や書簡などの周辺資料と照らし合わせながらこの詩篇を読むと、このような詩人の反省的意識も視界に浮かび上がってくる。

「私たちの白い家」の庭には、「石膏のポモナ」と「古びたウェヌス」の二つの像があったという。ポモナは果実の女神、ウェヌスは美の女神だが、先に述べた幼きシャルルと母親、そして女中マリエットの関係を考えると、二つの像は追想の舞台の再現の一部というにとどまらず、前者は食卓の準備をするマリエットと、後者は母親と重ね合わせられるというのが、ボヌフォワの解釈である。[10]ポモナが石膏の像であることは明示されている一方、ウェヌスは vieille と形容され、先の引用で私はこれを「古びた」と訳した。この形容詞は「年老いた」という意味に取ることもできるが、ウェヌスが美の女神だとすれば、年老いたウェヌスなどというものはそもそもあり得ないので、これはポモナと同様に石膏で作られた像が、木叢に隠れて古びている様子を指していると見るのが、とりあえず妥当な読み方だろう。だがこのウェヌスを母親と重ね合わせた場合には、女性の老いというボードレールの好んだテーマに接続することも可能となる。(11) ボードレールは時間という有限性を生きる人間を描くために、しばしばかつて美しかった老いた女性を自らの詩に登場させているが、時間が刻み込まれることで、原初の無垢や美しさが必然的に損なわれていくことを正面から見据えたところに、ボードレールの選択があったのは間違いない。彼の母親自身、最初の夫を失った一八二七年の時点ですでに三四歳であり、『悪の華』が出版された一八五七年には六四歳になっていた。他方、ボードレールは、化粧や装飾品などを芸術になぞらえ、芸術作品が時間の浸食に抵抗して、自然を飾り立て変形させること、過去の無垢や美しさを取り戻し、また作り出すことに執着もしていた。(12) 無垢を暗示する「白い家」での、若い母親との水入らずの夕食は、一八五〇年代の詩人からすれば、詩作によって呼び戻された人工的な光景に他ならない。ところで、先に述べたように、「石膏の（de plâtre）」という表現はポモナにかかっているものの、おそらくはウェヌスもまた石膏でできた像であり、「plâtrer 石膏を加える」という動詞は、女性に用いられるとき、過剰に化粧を施すことをも意味する。(13) 家の外で木叢に放置され古ぼけたポモナとウェヌスの像は、室内での幸せな晩餐が、自分の世話をしてくれた女中マリエットと、すでに年老いている現実の母親の姿を視界から排除し、忘却することで、はじめて召喚されうるというメカニズムを寓意的に体現していると同時に、化粧へのほのめかしをとおして、母親自身が自らの老いゆく身体を糊塗する、詩人との共犯者的主体たりうることを示唆していると考えられるのである。

後半六行は「太陽」を主語とする一文から成っているが、この太陽の描かれ方も両義的だ。「輝きをあふれされながら」と訳したのは ruisselant という単語で、これはもともと水などが流れる様子をあらわす形容詞である。「束」を意味する gerbe についても、たとえば gerbe d'eau といえば柱状の水しぶきを指し、やはり液体と関連の深い語彙といえる。つまり太陽はここで、母子の晩餐を照らす光が湧き出る泉としての性格を与えられているのである。一方で、太陽は「知りたがりの空に見開かれた大きな目」に喩えられている。母子を眺めているのが「大きな目」だとすれば、「知りたがり（curieux）」なのも空ではなくこの「目＝太陽」のはずだが、この「代換法（hypallage）」によって、眺める主体はあくまでも太陽でありながら、空全体、空間全体が室内の光景を寛大な視線で包みこんでいる印象が生み出される。(14)ところが、このように自らが生んだ光を行きわたらせ、母子を見守っているかのような太陽も、細かく読めば、守護者的な役割を貫徹できているわけではない。太陽と室内はガラス窓で隔てられており、光はガラスの上で変形して、「つましいテーブルクロス」や「サージのカーテンの上」に象徴される母子の生活の場面に、「ろうそくの美しい反射」となって届いているからである。「ろうそく」の光は二人の晩餐にコミュニオンを思わせる宗教的雰囲気を付与するが、この詩に描かれたヌイイでの生活の数ヶ月前にボードレールの実父が死去した事実を考慮に入れたときには、同時に葬儀や喪を容易に連想させる。詩篇を締めくくる六行は、母子水入らずの親密で幸福な時間を、太陽の祝福の光の描写をとおして讃えながら、この時間が夫＝父親の死によって可能となり、死せる彼を切り離すことでもたらされているというメカニズムを暴き出しているとも見なせるのである。このときガラス窓で隔てられた太陽は亡き夫＝父親の目と完全に一致し、ここにはほとんど典型的な父・母・子のエディプス的三角関係さえ認められる。(15)

三　抑圧された者たち

以上の読解は、基本的にはボヌフォワの解釈をなぞりながら、その図式を受け入れると仮定した場合に、より詩篇の輪郭が明確となるよう、他の研究者や私自身の見解を適宜加えて補強したものである。「私は忘れていない、町の近くの……」に登場する人物といえば、実際には主語の「私」と、おそらくは詩人の母親を加えた「私たち」だけであって、ここに女中マリエットや父親の存在まで読み込むボヌフォワには、たしかにやや牽強付会の印象を受けないでもない。しかし未完の書物のための覚書を集めた『赤裸の心（*Mon cœur mis à nu*）』には、真意は茫漠としていながら、マリエットと父親を結び付けた次のような一節がある。「マリエットと父の魂に御身の加護がありますよう。――私の義務を毎日すぐに果たし、そうして英雄に、聖人になる力を私に与えたまえ」[16]。一八五八年の母親あての手紙にあるように、ボードレールがヌイイで母子で過ごしたひと夏を主題とした「私は忘れていない、町の近くの……」と、女中マリエットを主題とした「あなたが妬んでいた、気高い心のあの女中は……」を意図して並べて提示したのは事実であり、もし前者が「私たち」の片方である母親に宛てられていて、後者の「あなた」がこの母親を指すのだとしたら、この二篇のうちに詩人、母親、マリエットのみならず、詩人自身がマリエットと強く結びつけていた父親の影を認めるのは、必ずしも強引な解釈とはいえなくなる。

「あなたが妬んでいた、気高い心のあの女中は……」は次のような詩篇である。少々長いが、こちらも全篇を引いておこう。

あなたが妬んでいた、気高い心のあの女中は、
つつましい芝生のしたで自らの眠りを眠っています。

私たちは彼女にせめて花をいくらか供えなければならないでしょう。
死者たち、あわれな死者たちは、たいへん苦しんでいます。
そして老いた木々の枝を打ちはらう〈一〇月〉が、そのメランコリックな風を、
死者たちの大理石のまわりに吹きかけるころ、
ああして寝具にくるまり暖かく眠る生者たちのことを、
死者たちはたしかに恩知らずと思うにちがいありません。
彼らはその間にも、暗い物思いにさいなまれ、
寝床をともにする相手も、楽しい語らいも持てずに、
蛆虫に苦しめられる凍てついた古い骸骨となって、
冬の雪が滴となってぼたぼた落ちかかるのや、
柵にひっかかったぼろ切れを友だちも家族も取りかえてくれないまま、
世紀が流れていくのを感じているのですから。

暖炉の薪が音を立てて歌う夕暮れどき、
肘掛け椅子にそっと腰かける彼女の姿をもしも見たなら、
青く冷たい一二月の夜、
大きくなった子供を母のような目で見守ろうと、永遠の寝床の奥からやってきて、
部屋の隅におごそかにうずくまる彼女の姿をもしも見たなら、
くぼんだ瞼から涙が落ちるのを前に、

私はその敬虔な魂になんと答えることができるでしょうか。[17]

「あなた」と呼ばれている母親と、「気高い心の女中」マリエットの間に、一つのライバル関係が想定されていることがわかるだろう。先にも見たように、夫フランソワを失ったばかりのカロリーヌは幼いシャルルとひと夏を過ごした後、のちの夫オーピック少佐との関係が深まるにしたがって、女中のマリエットに息子の世話を託すようになっていった。息子もまたマリエットになつき、カロリーヌはそのことでマリエットを妬んでいたことになる。「私は忘れていない、町の近くの……」では、カロリーヌとシャルルのふたりきりの親密な時間が描かれていたが、実のところそれは、マリエットの存在を意識から追い出すことで得られた、仮構的な記憶にすぎない。このときマリエットは二つの死を経験しているといえるだろう。一つめは詩篇が書かれた、あるいは『悪の華』に収められた時点ですでに墓のしたにいるという意味の肉体的な死、二つめは詩人と母親の思い出の犠牲となって忘却され、存在の痕跡そのものを消去されたという意味の、いわば象徴的な死である。シャルルとカロリーヌの母子水入らずの記憶を呼び起こすためには、もうひとりの母親、すなわち実際にときにはカロリーヌよりも母親らしかったであろうマリエットを、精神の中で抹殺するしかなかった。その暴力的なメカニズムを自ら感じ取っていたがゆえに、詩人は抹殺された彼女が自分たちの仕打ちを「恩知らず」と感じているのではないかと恐怖し、またそれにもかかわらず、彼女が幽霊となって生前と変わらぬ「敬虔な魂（âme pieuse）」として甦り、成長した自分を「母親のような目で（oeil maternel）」見守る姿を夢想しているのである。

ボヌフォワの観点からすれば、マリエットは美しさや理想、さらには超越的価値を求めがちな詩や芸術が忘却し、また人にも忘却させる対象であるという点で、他の存在とつながっている。「私は忘れていない、町の近くの……」で、マリエットとともに、世を去ったばかりの実父フランソワの存在が感じ取れるのは見てきたとおりだが、これも先に論じたように、この詩篇には、もうひとり、美化された記憶の外部に存在する現実の母カロリーヌも、明に暗に描き込まれている。「あなたが妬んでいた、気高い心のあの女中は……」とともに読んだとき、詩人と母親はフランソワやマリエットを忘却の淵に押しやる共犯者としてたしかに捉えられるが、「私たちの白い家」や「長くて無言の私たちの夕食」を「忘れていない」のは、詩篇の中ではあくまで「私」ひとりであり、ということは、息子にとって満ち足りていたふたりの親密な時間は、母親からすれば、夫を亡くした悲しみに沈む暗黒の時間だったのかもしれない。加えてそこに登場する、おそらくは石膏で作られたウェヌス像も、室内の幸福な食事の場面から疎外され、時間に浸食されるがままになっているという点で、詩篇が書かれた、あるいは『悪の華』に収められた時点で、すでに老いを身に刻んだ、母親の現実の姿を思い起こさせるのである。ボードレールが詩の力をとおして、母親とのかつての充足した時間を呼び起こすとき、実際には、夫を悼み悲しんでいた未亡人としてのカロリーヌ、いまや昔の魅力をすでに失い老いを生きているカロリーヌもまた、抑圧され排除されたのだと考えられる。

『悪の華』第二版の「パリ情景」の章には、死せる者たちや忘却に沈んでいる者たち、何かを失ってしまった者たち、そして自らの境涯に苦しむ者たちをうたった詩篇が、複数収められている。「小さな老婆たち（Les Petites Vieilles）」の関節のはずれた怪物のような「かつて女だったもの」や、「七人の老人たち（Les Sept Vieillards）」の「身体を損ねた四足獣や三本足のユダヤ人」を思わせる背中の曲がった老人は、詩による美化や理想化から零れ落ちて、自ら不幸な境遇から抜け出すことをも断念した、人間の有限な存在条件を一身に引き受ける人物たちと見ることができるだろう。そして「白鳥（Le Cygne）」は「アンドロマックよ、私はあなたを思う」と、トロイア戦争で夫を失い嘆き悲しむ女性への共感の表明からはじまり、「私は思う、どこかの島に取り残された水夫たちを、囚われの者たちを、敗残の者たちを、……そのほか多くの者たちを！」と、詩が顧みてこなかった存在への思いが、外へ外へと開かれていく運動をもって閉じられている。「私は忘れていない、町の近くの……」に見られるように、ボードレールには詩をとおして、自らの求める美や幸福を描き出し、現実を超えた世界への接近を追求する姿勢がたしかに確認できる。しかしそうした姿勢が直視することを拒み、忘却し、ときに抹殺してしまう脆くはかない対象を、あるがままに詩に定着させるという、もう一つの志向にこそボードレールの重要な資質があるというのが、ボヌフォワの理解なのである。『悪の華』の詩人にとって、多種多様な人間が蠢き、建物や街路、空間そのものが急速に変化していく、パリという近代の大都市は、独善的な詩的没入からの覚醒を強いるような、他者との不意の遭遇をもたらす場所であった。実際、「私」が詩の力で呼び起こした幸福な母子の時間は「町の近く」が舞台であり、詩篇が「パリ情景」の一部を成している以上、少なくとも『悪の華』第二版において、この町は大都市パリを指している。パリとの近接性は、充足的な詩的喚起が都市の蠢きにより中断の危機にさらされていること、続く詩篇で描かれる女中のように、忘却され、抑圧された、有限なる他者と遭遇する可能性に常に開かれていることを、寓意的に示してもいるのである。「私は忘れていない、町の近くの……」と「あなたが妬んでいた、気高い心のあの女中は……」の二篇は、詩的創造がもたらす充足感とその充足感がはらむ排他性・暴力性のメカニズムを原理的に明らかにすると同時に、それ自体が大都市パリとその近郊を舞台に繰り広げられる、詩人の精神的ドラマの一環とも位置づけられるわけである。

結論にかえて

以上のようなボヌフォワのボードレール観に異議を唱えることは、実は難しくない。たとえばボヌフォワはボードレールのうちに、美や理想、超越性を求める志向と他者の有限性をそのままに受け入れる志向とを見ているが、前者の限界を後者が超えるという図式となっているために、彼が重視するのは必然的に後者のほうになる。しかし現実世界の有限性を瞬間的にでも乗り越えようという意志は、ボードレールの詩作において実際には大きな比重を占めており、これを軽視することは詩人の正当な評価を妨げることにならないだろうか。[18] またボヌフォワは美や理想、超越性の追求にボードレール詩学の作為性を認める一方で、他者との不意の遭遇の表現のうちに、現実を現実としてそのまま受け止める態度を見出す。だがたとえば「小さな老婆たち」の描く関節のはずれた怪物のような「かつて女だったもの」や、「七人の老人たち」の描く「身体を損ねた四足獣や三本足のユダヤ人」を思わせる背中の曲がった老人の姿は、本当に作為性を免れているといえるのだろうか。ボヌフォワが賞賛する他者の媒介を欠いた受容は、それ自体が創造性を媒介とした表現の一つだと捉えることもできるのではないだろうか。

　このようないくつかの疑念が残るにもかかわらず、「一九世紀はボードレールの世紀であった」というボヌフォワの定式が魅力的に映るのは、現実を超えるような永遠性・絶対性・超越性にではなく、現実を生きる人びとの有限性に詩の根拠を置く姿勢が、ここには鮮明に感じ取れるためである。有限な現実を言葉の力で超え出るかわりに、有限のうちに生きる存在をその相対性のままに、その相対性のゆえに、絶対化する方途を探ること。この逆説的な絶対性を新たな「聖性」と呼ぶかはともかく、[19] 見たくないものから目を反らし、見たいものを表現する姿勢から、有限をともに生きる他者に共感を覚えこれをそのまま肯定する姿勢へという、ボヌフォワがボードレールのうちに見た転換が、文学の条件をめぐる思索に今も大きな刺激をもたらしうるのは間違いないだろう。

註

（1）Yves Bonnefoy, *Le Siècle de Baudelaire*, Éditions du Seuil, 2014. この著作は論集であり、冒頭に収められた « Le siècle de Baudelaire »（p. 7-16）という論考（初出は前年に刊行された *Revue d'histoire du XIXe siècle* 第四九号）にボヌフォワの詩史的認識が概観的に述べられている。ボヌフォワによるフランス詩の歴史的展開の認識と、ボードレール、ランボー、マラルメ、ヴァレリーなど個々の詩人に対する評価については、すでにさまざまな論考が書かれているが、概要をつかむうえで有益なものとして、Dominique Combe, « Yves Bonnefoy "sous le signe de Baudelaire et Rimbaud" », 『仏語仏文学研究』（東京大学フランス語フランス文学研究会）第五一号、二〇一八年、二一九—二三四頁を挙げておく。また、ボヌフォワによるボードレール論を、その限界を含めて批判的に考察した日本語の論考として、清水まさ志「ボヌフォワのボードレール論の検証——ボードレールにおける美学と倫理学の問題」『日本フランス語フランス文学会中部支部研究報告集』第三一号、二〇〇七年、三五—四六頁がある。さらに次の「研究ノート」でも短いながらボヌフォアのボードレール論に対する的確な位置付けがなされている。冨成信「存在への信の詩学——ボヌフォアによるボードレール読解から出発して」『Résonances：レゾナンス』第八号、二〇一四年、六〇—六一頁。

（2）この二篇をめぐるボヌフォワの解釈については、二〇一一年に刊行されたボードレール論集『ボードレールの徴のもとに』（Bonnefoy, *Sous le signe de Baudelaire*, Gallimard, 2011）に収録された二つの論考、« Baudelaire et la tentation de l'oubli », p. 137-183（一九九八年にフランス国立図書館で行われた二回の講義の記録として二〇〇〇年に小冊子として出版）と « Pour une critique en poésie, métaphore et métonymie sur l'exemple de Baudelaire », p. 349-385（二〇〇九年にチューリッヒ大学で行われた学会発表を論考にしたもの）をおもに参照する。

（3）一八五八年一月一一日付の母親宛書簡。Baudelaire, *Correspondance*, éd. Claude Pichois et Jean Ziegler, Bibliothèque de la Pléiade, t. I, 1973, p. 445.（訳文は拙訳による）

（4）一八六一年五月六日付の母親宛書簡。Baudelaire, *Correspondance*, éd. cit., t. II, 1973, p. 153.

（5）幼きシャルルと母カロリーヌ、そして女中マリエットの関係については、『ボードレール事典』の「マリエット」

の項を参照。Claude Pichois et Jean-Paul Avice, *Dictionnaire Baudelaire*, Du Lérot, 2002, p. 291-293.

(6) Baudelaire, *Fusées, Mon coeur mis à nu et autres fragments posthumes*, éd. André Guyaux, coll. Folio, 2016, p. 67.

(7) 引用は拙訳によるが、フランス語を読める読者のために原文を引いておく。

Je n'ai pas oublié, voisine de la ville,
Notre blanche maison, petite mais tranquille ;
Sa Pomone de plâtre et sa vieille Vénus
Dans un bosquet chétif cachant leurs membres nus,
Et le soleil, le soir, ruisselant et superbe,
Qui, derrière la vitre où se brisait sa gerbe,
Semblait, grand œil ouvert dans le ciel curieux,
Contempler nos dîners longs et silencieux,
Répandant largement ses beaux reflets de cierge
Sur la nappe frugale et les rideaux de serge.

(Baudelaire, *Œuvres complètes*, éd. Claude Pichois, Bibliothèque de la Pléiade, t. I, 1975, p. 99.)

(8) この点については、ジャン・スタロバンスキーの論考で適切な指摘がなされている。Jean Starobinski, « "Je n'ai pas oublié ..." (Baudelaire : poème XCIX des *Fleurs du Mal*) » in *Au Bonheur des mots*, mélanges en l'honneur de Gérald Antoine, Presses universitaires de Nancy, 1984, p. 420-421.

(9) 注4で引いた、一八六一年五月六日付の母親宛書簡。

(10) Bonnefoy, *Sous le signe de Baudelaire*, *op. cit.*, p. 356-357.

(11) スタロバンスキーは、ここでポモナ像が石でも大理石でもなく、石膏でできていることに注目し、詩で回顧される「白い家」自体が、完全に充足した空間としてではなく、ブルジョワ的通俗性をまとった歴史性のもとに提示されていることを指摘している。もしもポモナ同様にウェヌスも石膏像であるという仮定が正しいとすれば、この指摘は時間の浸食を受けやすい石膏像の脆さと、時間の刻印に抗いえない人間の若さ・美しさを重ね合わせる読解を補強するものとして貴重だろう（Starobinski, art. cit., p. 422-423.）。

（12）「現代生活の画家（Le peintre de la vie moderne）」の「化粧礼賛（Éloge du maquillage）」の章などで展開される考え方である（Baudelaire, *Œuvres complètes*, éd. cit., t. II, 1975, p. 714-718.）。

（13）Bonnefoy, *Sous le signe de Baudelaire*, *op. cit.*, p. 357-358.

（14）Starobinski, art. cit., p. 425.

（15）「私は忘れていない、町の近くの……」における父・母・子のエディプス的三角関係は、ボヌフォワ以前にジョン・E・ジャクソンによってすでに強調されていた。John E. Jackson, *Mémoire et création poétique*, Mercure de France, 1992, p. 144-145、および « Entre la faute et l'extase » in *Dix Études sur Baudelaire*, réunies par Martine Bercot et André Guyaux, Honoré Champion, 1993, p. 58.

（16）Baudelaire, *Fusées, Mon coeur mis à nu et autres fragments posthumes*, éd. cit., p. 101-102.

（17）引用は拙訳による。原文は以下のとおりである。

La servante au grand cœur dont vous étiez jalouse,
Et qui dort son sommeil sous une humble pelouse,
Nous devrions pourtant lui porter quelques fleurs.
Les morts, les pauvres morts, ont de grandes douleurs,
Et quand Octobre souffle, émondeur de vieux arbres,
Son vent mélancolique à l'entour de ses leurs marbres,
Certes, ils doivent trouver les vivants bien ingrats,
À dormir, comme ils font, chaudement dans leurs draps,
Tandis que, dévorés de noires songeries,
Sans compagnon de lit, sans bonnes causeries,
Vieux squelettes gelés travaillés par le ver,
Ils sentent s'égoutter les neiges de l'hiver

Et le siècle couler, sans amis ni famille
Remplacent les lambeaux qui pendent à leur grille.

Lorsque la buche siffle et chante, si le soir,
Calme, dans le fauteuil je la voyais s'asseoir,
Si, par une nuit bleue et froide de décembre,
Je la trouvais tapie en un coin de ma chambre,
Grave, et venant du fond de son lit éternel
Couver l'enfant grandi de son œil maternel,
Que pourrais-je répondre à cette âme pieuse,
Voyant tomber des larmes de sa paupière creuse ?
(Baudelaire, *Œuvres complètes*, éd. cit., t. I, 1975, p. 100)

（18）これは同じくフランス現代詩に大きな足跡を残してきた詩人ミシェル・ドゥギーが、ボヌフォワに向ける本質的疑義の一つである。Michel Deguy, *La Piéta Baudelaire*, Belin, 2012, p. 90-91. ドゥギーのボードレール観が凝縮されたこの著作も、ボヌフォワのそれに劣らず難解だが、明快な訳文と懇切な訳注、さらに訳者によるドゥギーへのインタビューを備えた、以下の日本語訳がその理解を助けてくれる。ミシェル・ドゥギー（鈴木和彦訳）『ピエタ・ボードレール』未来社、二〇一六年。

（19）二〇一一年に行われたインタビューにおいて、ボヌフォワはかつて自分は詩と「聖性（le sacré）」を結びつける発言をしていたが、ここでいう「聖性」は私たちの日常に存在するものの「現前（présence）」と関わるもので、宗教上の信仰体系に回収されるものではないので、誤解を避けるために最近はこの語を用いていないと述べている。« Yves Bonnefoy : "La poésie, c'est ce qui reprend à la religion son bien"», propos recueillis par Stéphane Barsacq et Jennifer Schwarz, *Le Monde des religions*, 二〇一一年一一月三〇日。

第6章　男の日常を横切る「聖女」

——遠藤周作の小説世界における森田ミツ——

福田　耕介

はじめに——『わたしが・棄てた・女』における瀆聖的欲情の隠蔽

森田ミツは遠藤周作の男性主人公の日常を横切っては、彼らの心に忘れがたい痕跡を残し、時に聖性までも感じさせた。『わたしが・棄てた・女』（『主婦の友』一九六三年一月号—十二月号）で命を落とした後も、笛木美佳が指摘しているように[1]、森田ミツは、『灯のうるむ頃』（原題『浮世風呂』、『日本経済新聞』夕刊一九六三年十一月二一日—六四年四月十五日）、『ピエロの歌』（『京都新聞』他一九七二年一月四日—九月四日）、『スキャンダル』（新潮社、一九八六年）、『ファーストレディ』（原題『セカンドレディ』、『週刊新潮』一九八七年三月二六日号—八八年四月七日号）の四作品に再登場する。それぞれのミツの人生がばらばらに構想されていて、同じひとりの作中人物であると見なすことは不可能だが、お人好しで、愚鈍で、不幸せな人がいると何とかしてあげたくなるという共通点は最後まで保持している。『わたしが・棄てた・女』の森田ミツに関しては、既に別のところで論じたので[2]、ここでは、それ以降の作品に登場する森田ミツから読み取ることのできる連続性と差異とを明らかにしていきたい。

まず、出発点を確認するために、今、註2に挙げた二つの拙論で『わたしが・棄てた・女』の森田ミツに関して別々に述べたことをまとめ直しておこう。『わたしが・棄てた・女』は「ぼくの手記」と「手の首のアザ」という異なる語り手を持つ二つの文章によって構成されている。「ぼくの手記」では、吉岡努が最初から棄てるつもりで肉体関係を持った森田ミツのことを記録していくのだが、「ぼくの手記（一）」を結ぶ時に、今は、ミツが「聖女」(5・205) だと思うと、自分のミツに対する見方が大きく変化したことを明かす。[3] 読者は当然、「犬ころのように棄ててしまった」(5・205) 当時からどのように吉岡の森田ミツ観が「聖女」へと変化するのかという興味を掻き立てられて、「ぼくの手記（二）」以降を読み進めることになる。

しかし、「ぼくの手記」に限って言えば、吉岡は自分が性欲のはけ口とした森田ミツを前面に押し出すばかりで、「聖女」の指標となっていることが明らかな、彼女の「ミジメな相手を懸命に慰めようとする」「やさしさ」は手記を書く時点でも「鼻持ちならぬ感傷癖」(5・228) と切り捨ててはばからない。その上で、かつて自分の眼に映じた「こんなうす汚い娘」(5・229) としてのミツの姿をただそのまま書き留めていく。結婚前に安易に肉体関係を持つ女性の厳しく断罪される、遠藤周作の小説世界の風土が吉岡を支配しているとしても、とりわけ「うす汚い」、「鼻持ちならぬ感傷癖」というふたつの言葉が何の斟酌も加えずに繰り返されることが違和感を与えることは否定できない。

第一の「うす汚い」という言葉の与える違和感は、この言葉のせいで、吉岡が森田ミツのどこに性行為に及ぶことを可能にする性的な魅力を見出したのかが読み取りづらくなることから来ている。第二の「鼻持ちならぬ感傷癖」が違和感を抱かせるのは、「苦しむ人々にすぐ自分を合わせられる」点にミツの「愛徳」(5・330) が存することを、スール・山形からの手紙を読んで理解し、そこからミツが「聖女」だという考えを抱いたと推定される吉岡が、ミツとの肉体関係を記す時には、その「愛徳」をただ「鼻持ちならぬ感傷癖」と切り捨てて、そこにつけ込んで肉体関係に持ち込んだことだけを記して、平然としていることから来る。そのことで、肉体関係を持った時からミツの「聖性」に通じる「人の好さ」「愚鈍」を吉岡が十分に意識していたことや、何よりも吉岡の快楽が、ミツの「人の好さ」「愚鈍」の価値を感得した上で、それを踏みにじることから来ていたことが読者に見えなくなってしまう。この瀆聖的な欲情が特殊なものだと感じるからこそ、その特殊性を隠蔽するために「誰だって……男なら、することだから」(5･334) と一般化せずにいられなかったのであり、肉体関係の記述から彼女の「人の好さ」「愚鈍」を評価する言葉を除去せずにはいられなかったのもそのためなのだ。この「相手が無邪気で善すぎるので逆に傷つけたくなる」(4･147) という欲情こそが、のちに見るように、森田ミツに関して『スキャンダル』の成瀬夫人が勝呂に説き明かすことにほかならない。「そんな人物を主人公にして、小説を書いたこともあった」(4･122) 勝呂が、そこでついに吉岡に代わって、「小説家がどうしても書きたくない世界だってある」(4･148) と言って、この欲情を言い落してきたことを告白するのだ。

『わたしが・棄てた・女』の「ぼくの手記（七）」の最後では、マリ子との「小さいが手がたい幸福」を手に入れた吉岡が、それにもかかわらず、ミツのことを思ってマリ子との生活では癒されない「寂しさ」(5･334) を感じている。それぞれの作品において、男性作中人物の感じるこうした「寂しさ」の中に、森田ミツの存在の要請される空隙があるのではないか。この観点から、森田ミツを迎える男性主人公の置かれた状況を把握した上で、そこでミツが果たす役割を対置していこう。

一　『灯のうるむ頃』[4]――誘惑する力を剥奪されたミツ

「船を見に行こう」(『小説中央公論』一九六〇年十一月号) の中で、家庭を構えながら、「夫でも父親でもない男の存在にくるしみだした」（7・51）父親の姿が描かれているように、遠藤周作の小説世界では、家庭人となった男が、「夫」「父親」という役割からはみ出した夢を抱き続ける姿がしばしば描かれる。『灯のうるむ頃』の牛田善之進もまた、妻と浪人の息子と高校生の娘のいる「夫」「父親」であり、職業的にも町医者として精力的に活動しているが、「夫」「父親」町医者という枠に収まりきらない夢を堅持している。医学生、研修医の頃から取り組んでいる赤血球の研究を応用して、癌の治療法を開発するという夢である。彼が空いた時間と余分な収入をつぎ込んで構えている血液研究所の助手をしていた女性が辞めた時に、新聞広告で代わりを募集すると、森田ミツが応募してきて、善之進の抱き続けている夢の領分に入り込むのだ。

その時のミツは「アドバルーンのように丸い顔に丸い体をした二十歳ぐらいの娘」（『灯』101）で、「頬も唇も真赤に塗りたくって、まるで、チンドン屋の化粧のようである」（『灯』102）。遠藤の小説世界では、浪人時代は、女性に対する関心の目覚める時期となることが多く、じっさいに善之進の息子の龍馬も浪人の身でありながら、加納百合子に好意を抱いている。それにもかかわらず、森田ミツを家におくことに関しては、母親の滝子さえもが、「いかに龍馬といえども、日の丸のように顔中赤くぬりたくって、アドバルーンのように丸々と肥ったあの娘に恋をする筈はない」（『灯』104）と安心するほど、ミツは性行為を誘発する危険のない娘に生まれ変わっている。そこに、『わたしが・棄てた・女』のミツとの最大の相違点がある。

このミツの誘惑する力に関して象徴的なのが、『わたしが・棄てた・女』では、伯母に見送られて東京に出て、「川崎の下宿」で「一人ぼっちの生活」を送り、「天井をみあげて、うすい布団をあごまでかけながら」（4・320）テレーズ・デスケルー的な寝そべる姿勢を取ることになったミツが、[5]『灯のうるむ頃』ではそのような孤独な生活を経ることなく、「川越から昼に着いたばかり」（『灯』103）でいきなり豪徳寺の牛田家に迎えられたことである。「色気発散」（5・333）させる体と無縁になった『灯のうるむ頃』の森田ミツは、そのことで、『わたしが・棄てた・女』

のミツの寝そべる姿勢ともたやすく決別することができたのである。のみならず、牛田家で暮らすうちに、万が一「わるさする男がいたら、股ぐら蹴あげてやる」（『灯』118）という誘惑をきっぱりとはねつける決然とした態度も兼ね備えていることが判明する。遠藤は間髪を容れずに性を感じさせない素朴なミツを再登場させて、肉体関係や水商売の方向に安易に傾きすぎた『わたしが・棄てた・女』の森田ミツとのバランスをはかろうとしているのだ。

善之進の癌の治療法の研究には、「一介の町医者」（『灯』65）として大学病院などから相手にされないという鬱屈した思いも影を落としているが、基本的には「打ちひしがれた者を、一条の光もない穴底に落すことは」、「善之進には到底できなかった」（『灯』153）という、患者を救いたいという純粋な思いが彼を突き動している。性的魅力を失った森田ミツが助けるのも、善之進の性愛とは無縁の、この「男」の夢である。じじつ、ミツが、頼まれてもいない大黒鼠を買ってきて、大黒鼠の清に葡萄糖と笹の葉を煎じたものを食べさせたことで、善之進は大黒鼠の血漿に特殊な菌がいるというヒントを得る。それが、患者の杉山や大学病院の加納を助けた有効な薬の開発につながるのであり、ミツは「善之進の研究にはなくてはならぬ存在」（『灯』225）にまで上りつめるのだ。

しかし、善之進の夢がいくぶんかその純粋さを失って、製薬会社の知人に後押しされて、学会で認められることを目指した時、笛木が「自然消滅」(6)と指摘するように、いつのまにかミツの名に言及されることがなくなっている。学会発表に失敗して、善之進もまた「俺は町医者だ。誰からも名前を知られず、誰からも認められず、そして一生、この豪徳寺のゴミゴミした町の人たちの病気を治していく、一人の町医者で終るだろう。一生、人々の苦しみにつながるだろう」（『灯』285）という認識を新たにする。森田ミツが助けたのは、「人々の苦しみにつながる」善之進の夢であって、「晴れがましい檜舞台」（『灯』229）を夢見る善之進ではない。森田ミツに言及されることがなくなった時、学会発表に落第した父と大学入試に落第した息子の間に、それでも、「龍馬には父親の心がよくわかっていた」（『灯』291）という絆が生まれている。誘惑する力を失ったミツは、善之進の家庭に、「寂しさ」という空隙ではなく、より緊密な家族の絆を残して「自然消滅」するのである。

二 『ピエロの歌』（1）――ミツの居場所

『ピエロの歌』では、森田ミツが平戸又兵衛の生活を横切る。又兵衛は、勤め先を解雇されたことをきっかけにして、思いを寄せていた波多マキ子を追って、長崎から東京に出てくる。(7) しかし、マキ子との距離は縮まらず、マキ子の部屋に別の男がいるのを外から見るに及んで、スナックでやけ酒をあおって酔いつぶれる。その時、たまたまバーに居合わせた森田ミツが彼を介抱して、ふたりは知り合う。マキ子に相手にされない又兵衛の「寂しさ」にミツが入り込んでくるのだ。

パチンコ屋でアルバイトをしているミツは、「十九か二十くらいの年齢」で、さかんに「人の好さそうな笑い」（『ピエロ』122）を浮かべる。「うちは田舎にいる時、よく父さんを飲屋まで迎えにいったもんね。馴れとるのよ」（『ピエロ』121）とミツが言うように、酔いつぶれた又兵衛は酒を飲む父親をミツに思い出させている。その時、又兵衛の方は、ミツを次のように見ている。

この娘は――森田ミツは――典型的なイモ姉ちゃんだった。当人は洒落たつもりでミニスカートをはいているのだが、そのミニスカートからはどう見たって美しいとは言えぬ太った短い二本足が出ていた。そしてむきだした腕は米袋の一つ二つはかつげそうなぐらい逞しくて、又兵衛は娘というよりお袋という感じがしたくらいである。（『ピエロ』122）

つまり、この最初の出会いにおいて、ミツは又兵衛に「お袋」を、又兵衛は彼女に「父さん」を思い出させたことになる。(8) それでも、又兵衛がミツの「ミニスカート」に眼を留めて、彼女の肢体を仔細に観察すると、ミツが「どうして、そんなに見るのさ」と「急に狎れ狎れしい声」（『ピエロ』122）になるところに、肉体関係に至る伏線が敷かれている。ミツも自分のミニスカート姿が男に与える効果を知らないわけではないのだ。

二度目にふたりが会うのは、マキ子の不穏な人間関係に注意を促しに来た又兵衛が、「わたしのことを忘れて」（『ピエロ』146）と彼女から冷たく突き放された時である。落ち込んだ又兵衛は、「今の俺の心ば一時でもまぎらわしてくれる娘」（『ピエロ』163）として森田ミツを思い浮かべ、彼女の働いているパチンコ屋に会いに行き、「悲しい」を連発して、巧みに「ミツのような人の好い娘の心を動かす」（『ピエロ』166）ことに成功する。「長い間もっていたコンプレックスが全くこのミツの前ではなくなって」（『ピエロ』170）いると又兵衛が感じているように、又兵衛のような押しの弱い男でさえ臆することなく接近できるところに森田ミツの「人の好さ」の特質があるのだ。

しかし、又兵衛が自分の住んでいる旅館の部屋にミツを連れ込み、その部屋から、隣の部屋の情事をのぞかせたことで、ミツが「いやか。ああいうこと」（『ピエロ』171）と大声で叫んで、激しく抵抗し始める。のぞき見を強いたことで、又兵衛はミツの触れてはいけない何かに触れてしまったのだ。そのことを考えるために重要なのが、旅館に入ってふたりがまだ和気あいあいと話している時に、ミツが父親の再婚のことを語っているところである。

「川越のあたしのとこ、三間しかないんよ。弟や妹と何時も同じ部屋で寝かされていたから、あたし前から自分の部屋が欲しかったんだ」（『ピエロ』170）

「あたしと妹と弟たちはお母さんがちがうの。だから、あたし家にいるのが、二番目のお母さんに悪いような気がして、東京に来たの」（『ピエロ』170）

ミツが妹、弟たちと同じ部屋で寝なければいけないほど川越の家が狭かったことに着目すると、ミツが「二番目のお母さんに悪いような気がし」た理由も見えてくる。ミツが継母に気兼ねせずにいられなかったのは、家が手狭なために、父と義母の性行為の音がどうしてもミツの耳に入ってきて、継母もそれを気にしていたからなのだ。又兵衛の部屋で隣の情事をのぞき見ることは、はからずもその時の自分の居場所のない時間を否応なく彼女に思い出させることになったのだ。彼女がよく飲屋に父親を迎えに行ったのも、そこでなら父親とふたりきりになれるからであったに違いない。わざわざ彼女が自分の家庭のことを語った真意を汲み取れずに、その辛い状況から生まれた彼女の「人の好さ」につけ込むことしか考えることのできないところに、又兵衛の限界があるのだ。

又兵衛が隣の部屋をのぞいて大声を出したミツを押さえつけて「畳の上に坐らせようとした」時、「彼女の顔がちょうど又兵衛の顔の真下にき」て、「額に汗がういて髪の毛が二、三本まつわりついている」（『ピエロ』171）のが眼に入る。まさにこの時の森田ミツは、『わたしが・棄てた・女』において、吉岡との性行為が終わった時の森田ミツの、「汗をにじませたその額、二、三本の髪がその額にべっとりとついている」（5・229）顔と同じ顔をしている。のみならず、「黄色い人」（『群像』一九五五年十一月号）において、キミコとの性交の前に、デュラン神父もまた「二、三本の髪の毛がべっとりと小さな額にまつわりついているキミコの額」（6・111）を見ていることも思い出してみなければならない。デュランが性交の終わった後に、「すべてが終った時、私はぼんやりとしていた」（6・111）と語る呼吸もまた、『ピエロの歌』の、次の記述と照応している。

すべてが終った時、そして欲望が引き潮のように引いてしまった時、又兵衛は自分が今なにをやったかに気がついた。（『ピエロ』171）

つまり又兵衛が、事後に「別人のようになってしもうた」（『ピエロ』172）と弁解しているように、森田ミツを犯した時には、キミコの誘惑に屈したデュラン同様に、我を忘れ、自分が何をしているのかわからない状態に引き込まれていたのだ。『わたしが・棄てた・女』の森田ミツばかりでなく、「黄色い人」のキミコまでもが透視されることは、『ピエロの歌』の森田ミツもまた抵抗しつつも、同時に男を狂わせる力をも発揮していたことを感じさせずにはいない。『わたしが・棄てた・女』同様、『ピエロの歌』においても、ミツが母性を感じさせたことが、男の身勝手な性行為を抑止する力とはならずに、逆に母性を踏みにじる欲求を掻き立てることになったのだ。

三　『ピエロの歌』（２）――「幼い子供」に返るミツ

彼女のまとう母性が男の欲情によって蹂躙された時に、森田ミツは、「お母ちゃん……」と呻くように洩らして「幼い子供」（『ピエロの歌』172）に返る。実の母親を早くに亡くして母性を知らずに育ったにもかかわらず、母性的な「人の好さ」を前面に出して生きることを処世術とせざるを得なかったミツの仮面が破れるのである。「幼い子供」に返ったミツは、果たしてそこから喪失した子供としての時間を生き直すことができるのか。

鈍感な又兵衛も、「嘘であることも同時に知っていた」にもかかわらず、「俺は……あんたば……捨てたりはせん」（『ピエロ』172）という、早世した母親にある意味で棄てられたミツのもっとも必要としていた言葉を口にする。そのことで、森田ミツが抱かれて棄てられる女性から、抱かれた後に、棄てないと誓わせる女性へと変貌する。そして、又兵衛はミツを海へ一泊旅行に誘って、彼女に結婚を申し込む。『ピエロの歌』では、『わたしが・棄てた・女』とは逆に、ふたりの女性のうちで、森田ミツが結婚相手となる状況が描かれることになる。寂しい子供だった森田ミツに、自分の居場所のある家庭を築く可能性が提示されたのである。

しかし、又兵衛の中には、ほかの男と結婚するために長崎に帰ったマキ子の代用品として、つまりは「波多マキ子を失った心の空洞を一時的にせよ、埋めてくれる存在」（『ピエロ』247）としてミツを求める意識が根強く残っている。「独りぼっちがたまらなかった」（『ピエロ』248）と語ってミツも結婚に大きく傾くのだが、又兵衛はその時でさえ、「この女と結婚すれば、たえず心の痛みを感じつづけるかも知れぬ」、「自分が何をしても、彼女は結局ゆるすだろう」、「俺はそれに甘えるかもしれない」（『ピエロ』248）と考えている。ミツと結婚してから又兵衛が感じる「心の痛み」とは、海からの帰りに新幹線でばったりと結婚を思いとどまった波多マキ子と会った時に、マキ子に対してミツとの結婚を伏せ、ミツを邪険にして遠ざけて感じた「裏切っているという胸の痛み」（『ピエロ』251）のたぐいのことであるに違いない。そのようなことを繰り返しても許されると、又兵衛は高を括っていたことになるが、ミツの方は、又兵衛との家庭においても、結局は自分がいない方がよいと感じ続けるのだと理解して、何も言わずに途中下車してしまう。愚鈍な又兵衛は、ミツを邪魔者扱いすることが取り返しのつかない過ちであることにも気が付かなかったのだ。

動き出した列車から、又兵衛がホームに立つ「悲しそうに笑い、首をふった」（『ピエロ』252）ミツを見るところは、『わたしが・棄てた・女』で、吉岡努が、「片手を少しあげながら」「小走りにホームを駆けている」（5・230）ミツを列車から見る場面と照応しているが、『ピエロの歌』では、ミツが又兵衛を棄てることに変わった。その後、又兵衛がミツの下宿を訪れて彼女が姿を消したと知ることも、『わたしが・棄てた・女』でミツが吉岡の下宿を訪ねることと逆になっている。ミツが姿を消してようやく又兵衛は、ミツの方がマキ子よりも自分にとって大切な存在だと気が付き、「俺はあんたば、必ず、探すたい。必ず探すたい。長崎にはもう戻らん。この東京に残って、あんたに会うまで探すたい」(『ピエロ』261)とミツに心の中で語りかける。又兵衛が嘘で口にした「棄てはせん」という言葉が真実になったことを見届けて、作品は終了する。拒むことを知ったことで、ミツは真に探し求められる女性に昇格することができたのだ。

四　『スキャンダル』――中学生になったミツの「媚態」

『スキャンダル』では、森田ミツが、方言や田舎娘の振る舞いから解放されて、原宿に竹の子族がいる時代の中学生として、老カトリック作家勝呂の前に姿を現わす。ミツが幼くなり、彼女の関わる男が年を取ることで、年齢差が最大限に開く。笛木が指摘するように、「勝呂自身の無意識に潜む、若さ・生命を吸い取りたいというミツへの欲望が表面化されていくので、この年齢設定は重要である」[9]。年齢差を設定することで、勝呂がミツに抱く欲情に、単なる性欲とは異なる、老人の「若さ・生命」への羨望というニュアンスをまとわせることが可能となったのだ。

中学生となったミツは、逆説的なことに、それまでのどのミツよりも大胆に振る舞う。たしかに、最初に勝呂に会った時に、「人がよさそうに眼を細めてニッと笑」(4・24)い、彼女にアルバイトで仕事場の掃除をさせることにしてからは、「この子は妻の言う通り、他人の苦しみには敏感だ。そしてそれがこの子の人の好さと愚鈍とに混じりあっていた」(4・30)と感じさせるなど、それまでの森田ミツと同じ善良さと笑顔とを保持している。しかし、最初の出会いにおいて、「おじさんみたいな年よりも」彼女たちに声をかけてくることがあるが、「Bまで」は応じて「小遣いをせびる」(4・24)中学生がいると言って、まっさきに彼女たちの身体が性の商品となり得ることに、勝呂の注意を引いている。勝呂の視線は否応なく彼女の「ふくらんだ胸」や「もうすっかり大人のもの」(4・25)となった腿に引き寄せられる。別れ際に、勝呂がいきなり彼女に五千円札を渡し、後になって金を渡した自分に嫌気が差したのも、あぶなっかしいミツの身体を自分が囲い込んでおきたいという無意識の願望が露呈したためであるに違いない。じじつ、彼はさっそく妻にミツのことを相談して、ミツを大人たちの誘惑から守ることと、妻にはつらくなった彼の仕事場の掃除などを任せて妻に楽をさせることを口実として、ミツを自分の仕事場に引き入れて、妻のいない時間にふたりきりで過ごすことを可能にする。

勝呂はミツに家事をしてもらうことだけを期待していたわけではなく、じっさい、妻のかわりに仕事場の掃除をする「ミツの頬や腭や頸すじ」の、「かすかに光ったその若い汗」を見て、「自分の失ってしまったもの」(4・27)を感じている。さらに、夜になって、勝呂は穏やかに眠る妻の傍らで、「あまりに慾情的」な「洗いざらした花模様のパンティだけをはいたミツの体」(4・28)を夢に見る。「少しあけた唇の間から糸を引いた唾液と歯」をのぞかせて、「奥さんが怒るもん」(4・28)と彼を挑発するミツは、まさに妻の「洗濯シャボンの匂いのする世界」(4・28)に欠けていた性の誘惑となっている。これまでの作品では善良さの象徴だった「ニッと」した笑いさえ、「扉のかげにかくれている」(4・28)勝呂を挑発するものへと変容している。「糸を引いた唾液」を凝視する勝呂が若さへの羨望以上のものをミツから感じ取っていることは言を俟たないだろう。

その後、ミツは、仕事場の金を繰り返し勝手に持ち出して、妻から解雇される。金は「弟妹の面倒をみている」(4・52)友人に渡すためだったのだが、言いきかせたにもかかわらず、「二度も同じこと」(4・53)をするミツの「善良さ」が、妻の秩序を乱さずにはいなかったのだ。勝呂もまた、ミツが成瀬夫人同様、長年連れ添った妻との安定した生活を攪乱しかねないことを意識して、妻に対しては「ミツについて話すのを避け」(4・91)るようになる。

勝呂がひとりでいる時にミツが金を返すために仕事場に来るが、具合が悪かったにもかかわらず、勝呂はミツが妻に電話しようとするのを制して妻には具合が悪いことを伏せ、その上で仕事が忙しくて家には帰れないと嘘の電話をかけて、「誰かが少しでも苦しんでいると、どうしていいのかわからずおろおろする少女」（4・121）が残ってくれることを期待する。従来の森田ミツの枠組みに彼女を収めようとして、「そんな人物を主人公にして、小説を書いたこともあった」（4・122）とも書くが、「安物のスエーターに覆われた胸のふくらみが勝呂の頭にふれた」（4・122）と彼女の身体を意識し、ここでも「人の好さ」の象徴だった「ニッとした笑み」が、「少女が大人に甘える仕草と、一人の女が男を誘う媚態との両方が混りあっている」（4・123）と、「媚態」を含むものに変わっている。

いったいミツの「媚態」は勝呂のどんな欲望を覚醒させるのか。勝呂の隠れた欲望を引き出すための素材として森田ミツを選んだ成瀬夫人はまず「わたくしたちってお人好しに愛情だけを持つでしょうか。無邪気そのものの相手に好意以外の感情は持たないかしら」（4・147）と勝呂に問いかける。さらに、イエスを引き合いに出して、「あまりに無垢だったから」、「あまりに清らかだったから」、「破壊したくなる」のだと説き明かし、「眼前で苦しんでいる」「無垢で清らかな人間」を、「更に苛める快感」が「誰にでもある」（4・147）と結論付ける。勝呂は「小説家がどうしても書きたくない世界だってあるんです」（4・148）とその部分から眼を逸らしてきたことを認めざるを得ない。[10]それはまさに、『わたしが・棄てた・女』の中で吉岡努が森田ミツを「聖女」と呼び、「誰だって……男なら」と書くばかりで直視できなかった欲情にほかならない。さらに踏み込んで、老カトリック作家勝呂の姿を借りて、遠藤自身が再登場する彼女を「更に苛める快感」を味わっていたことを遠藤が告白しているとさえ言うことができるだろう。そこに森田ミツを繰り返し再登場させずにはいられなかったことの秘められた動機のひとつがあるのだ。

五　『ファーストレディ』(1)——誘惑する「天使」

『スキャンダル』が一九八六年に刊行された翌年に連載の始まった『ファーストレディ』(連載時は『セカンドレディ』)に、森田ミツが、男と同棲して一児をもうけた大人の女性となって最後に姿を見せる。ついに家庭をもったミツが描かれるのだが、「ヤクザの下っ端」(『ファースト』上220)である同棲相手の加茂直一が、窃盗罪で執行猶予の身でありながらさらに強盗を働いて起訴されており、彼女が「手がたい」幸福を得たとは言い難い状況になっている。

加茂の国選弁護人となった辻静一の勤める法律事務所を訪ねてきたミツは、「人のよさそうな性格」を「そのニッと笑う笑顔にむき出しにあらわ」(『ファースト』上219)す。静一はまた、ミツの「いかにも頭がわるい要領をえない話しかた」を「自分の妻の知性」(『ファースト』220)と比べずにはいられない。最後に登場する作品でも、ミツは依然として、「人の好さ」と「愚鈍」とを保持しているのだ。

裁判で静一が加茂直一の減刑を勝ち取ると、ミツはお礼だと言って、彼女の働いている店に静一を誘う。静一は、改めて「この女は本当に善良だ。善良そのものなのだ」(『ファースト』上225)と考えて彼女の誘いに応じる。彼女も川越出身で父の後妻に気兼ねをして家を出てきたという家庭事情を引き継いでいて、父親が病気の時には仕送りまでしたと語る。そのことで「この女は困った誰かがいると放っておけないんだ」(『ファースト』上225)という静一の確信がいっそう堅固なものとなる。

店で接待したあとに、ミツは「これじゃ先生へのお礼にならないよ」、「先生、ホテルに行こう。お礼のかわりに、何でもするから」(『ファースト』上228)と言って、自分の身体を男に礼として供するという、それまでのミツにはなかった大胆な提案をするのだが、それを断って家に帰った静一は、それにもかかわらず、「愚かだが善良そのもの……いや善良をそのまま、むき出しにしたような女」（『ファースト』上229）と考えるばかりで、善良なミツのイメージは、彼の中で深まりこそすれ、損なわれることがない。それどころか彼は、「天使みたいだな、あの女……」（『ファースト』上230）とまで考えるに至るのだ。

その後、森田ミツと偶然再会した静一は、ミツが服役中の加茂に金品を貢いでいたにもかかわらず、出所するとあっさりと棄てられてしまったことを知る。静一がその時、「あの雨の日、渋谷の酒場から彼を送ってきながら男の弁護料のかわりに自分の体をまかせようとしたこの女。天使のような女」（『ファースト』下11）とふたたび考えることから、ミツが「体をまかせようとした」ことと彼女が「天使」であることが、静一にとっていささかも矛盾するものではないことが再確認される。

いったいそれでは、ミツは彼にとってどのような意味で「天使」なのか。重要なのは、彼女のアパートに上がり込んだ静一が、愛子との夫婦生活に欠けているものがあることにミツのおかげで気が付くところである。

　愛子のそばでは彼は休めるというより、共に励むという気持のほうが婚約の時から強かった。彼女はいつも何かの理想を心に持っていて、夫のなかにも同じような姿を見つけることを好んだ。（『ファーストレディ』下13）

それに対して、ミツは、静一が自分の家では感じることのできない「安心感」（『ファーストレディ』下13）を与えてくれる。彼女の膝に頭をのせて、耳の穴の掃除をしてもらうと、彼はその姿勢が危険だと感じながらも、「母親か妹のそばにいるようなあたたかさと安心感」（『ファーストレディ』下15）を覚えずにはいられないのだ。ミツの最終的な姿にも、母性と誘惑とが共存している。しかし、吉岡努や又兵衛が母親的なものを踏みにじる強引な性行為に駆り立てられたのとは逆に、静一は、「ミツの口からもれる息のあたたかさや酔いの痺れとが心を横着にさせ、好奇心と期待とを感じさせ、ミツの膝にじっと頭をのせていた。やがて……」(『ファースト』下15)という形で、包まれるように穏やかに性行為に移行するのだ。

肉体関係を持ったことで、静一も「弁護士として立派なことを言ってきたが、結局はこんな男だった」(『ファースト』下15)と自己を見下さずにはいられないが、だからといって取り乱すわけでもなく、「だがそういう自己軽蔑と妻にたいするうしろめたさとをおぼえながらも彼は臭いのこもった、乱雑な部屋に彼自身の休息場所を見出さざるをえなかった」(『ファーストレディ』下16)とあるように、ミツの部屋は肉体関係の結ばれたあとも、彼にとっての「休息場所」であり続けるのだ。

六　『ファーストレディ』(2)――聖性から日常へ

静一は、愛子との生活を堅持しながら、ミツとの「休息場所」に通い続けることができるのか。しかし、ミツが妊娠し、堕胎を選択せずにはいられなかった時に、ふたりの関係が「悪夢」(『ファースト』下50)に一変する。遠藤周作の小説でしばしば描かれる、結婚の外の肉体関係から、妊娠、堕胎へと至る流れが、ついに森田ミツをも飲み込むのだ。その時のミツが「だって……先生、困るんでしょ」(『ファースト』下52)とだけ言って、胎児を殺すことには全く罪悪感を示さないことが特徴的である。その一方で、偶然知り合った愛子にはひたすら謝り、静一には「奥さまを知らなかった時は、わたしは、先生と一緒にいるのが、とても倖せだったけれど……もう、そんなことはできない」(『ファースト』71)と言って、ようやく別れる決心をする。作品の結末で、病院のヴォランティアとなったミツが愛子と再会した時も、「すみません、すみません」、「わたし、……何も知らなかったんです」(『ファースト』下256)と愛子に謝るが、堕胎に関して反省の言葉を洩らすことはなく、不倫に関しても、もし愛子が静一の妻でなかったなら反省することなどなかったと思わせる口吻に終始している。『わたしが・棄てた・女』において壮ちゃんという子供が死んだ時に、「あたし、神さまなど、あると、思わない」(5・332)と反抗した森田ミツが、『ファーストレディ』に至っては胎児を殺すことをためらわない「子殺しの女性」となり、聖性を失って「聖女」から、日常において男性を癒すという俗な意味での、男に都合のよい「天使」に堕すのである。

ミツが愚鈍であくまで「善良」であるために、「ひとつの命を殺した」(『ファースト』下54)という罪悪感は、ひたすら静一の上にのしかかる。自分の乗っていた飛行機がハイジャックされた時に、撃たれそうになった「中国人の赤ん坊」をかばい、「その幼い生命を救うために自分の命を犠牲にした」(『ファースト』下126)のも、自分の犯した堕胎という罪を償うためだったことは疑いを入れない[11]。逆に言うならば、それだけの勇気があっても静一には、愛人に子供ができたという不名誉を引き受けて、ミツの子供を育てていくことができなかったのだ。吉岡努よりも、はるかに見苦しい形で、自分の「手がたい幸福」にしがみつかずにはいられなかったのである。最後にミツは「人の好さ」ゆえに、それまでの森田ミツを苦しめてきた男の身勝手な欲情を償わせ、妻に謝るという使命を託された。平凡な日常を復することが、最後の使命となったのである。

おわりに

森田ミツが最後まで堅持した「人の好さ」と「愚鈍」は、男の欲情にもてあそばれて棄てられてもまったく損なわれない強度を、最後に獲得した。この変わる事のない性質は、モーリヤックの小説『炎の河』や『黒い天使』の読書体験において、若い遠藤が感じていた違和感に対するひとつの答えとなっている。註2に挙げた二つめの拙論で、『わたしが・棄てた・女』の森田ミツを、遠藤が若い時に翻訳で読んだ『炎の河』のジゼール・ド・プレリと比較して論じたが、最後にジゼールが信仰を取り戻す結末に関して、遠藤は、モーリヤックがジゼールの「回心の人間的理由については別段口にしない」ことについて、「しないために作品の大衆的刺激的興味を著しく制約することは承知で、彼は敢へて書く。だから誰でもが彼の作品について行く事は出来ない」と余白にメモを残した。また、『黒い天使』に関しても、「catholique 作家にとって長所であると共に弱味でもある点は生きた人間を書くと言ふ事は人間の魂の変化を示す事だと考へる点にある」と、作中人物の変化を過度に重視することに否定的な見解を書き込んでいる。(12) 遠藤は「大衆」を意識した作品で、日常の中に性行為によっても変わることのない「人の好さ」を打ち立てて、聖性へと通じる道筋となる可能性を残したのだ。

註

（1）笛木美佳「キャラクターの円環――森田ミツをめぐって」、柘植光彦編集『遠藤周作　挑発する作家』、至文堂、二〇〇八年、一九〇―二〇三頁。

（2）次のふたつの拙論を参照のこと。「『わたしが・棄てた・女』における「うす汚い娘」をめぐる言説」、『遠藤周作研究』第一二号、二〇一九年、三三―四七頁。「遠藤周作とフランソワ・モーリヤック　『炎の河』と『わたしが・棄てた・女』における「妙な渇望」」、菅野昭正編『遠藤周作　神に問いかけつづける旅』、慶応義塾大学出版会、二〇二〇年、一二三―一五二頁。

（3）『遠藤周作文学全集』（全十五巻、新潮社、一九九九―二〇〇〇年）に収録されている作品は、同全集より引用し、引用の最後にカッコでくくって、全集の巻数と頁数を（5・205）のように略記する。そこに収録されていない作品からの引用は、『灯のうるむ頃』（角川文庫、一九七九年、略号『灯』）、『ピエロの歌』（講談社、一九七四年、略号『ピエロ』）、『ファーストレディ』（新潮社、一九八八年、略号『ファースト』）により、引用の最後にカッコでくくって、作品名の略号とそれぞれの版の頁数を示すことにする。

（4）『わたしが・棄てた・女』は『主婦の友』一九六三年十二月号まで連載が続いたが、それが終わったかどうかというあたりの十一月二日の『日本経済新聞』夕刊から、『浮世風呂』という題で、『灯のうるむ頃』の連載が始まった。『わたしが・棄てた・女』の結末であっけなく死んだ森田ミツにもう少し活躍の場を与えたいという思いが残ったのか、遠藤は間を置かずに書き始められた小説に、森田ミツを再登場させたのだ。

（5）この点に関しては、拙論「『わたしが・棄てた・女』における「うす汚い娘」をめぐる言説」、前掲論文、四一頁を参照のこと。

（6）笛木、前掲論文、一九六頁。

（7）金のために「モテサセ屋」をやることが、吉岡努の繰り返しになっていて、『わたしが・棄てた・女』の意識された作品であることは間違いない。しかし、又兵衛は吉岡と違って、仕事も女性関係もうまく行かないうだつの上がらない男に設定されている。

（8）又兵衛が「お袋という感じ」を抱くところは、吉岡努が最初のデートの時に、「なぜか彼女［ミツ］の声の調子は、ぼくに母親を思いおこさせる」（5・214）と考えていることとも共通している。

（9）笛木、前掲論文、一九七頁。

（10）勝呂が、成瀬夫人に誘導されて、森田ミツの腹や胸に口を這わせ、首に手をかける場面については、既に次の拙論で論じたので、ここでは繰り返さない。「モーリヤックと遠藤周作「モーリヤック的感性」に表れた遠藤の人間観」、『人間観の研究―imago Dei の諸相を通して』、金星堂、二〇〇六年、一五〇―一七〇頁。

（11）「中国人」というところは、『スキャンダル』の成瀬が、中国で「女や子供たちを閉じこめた農家」（4・87）に火をつけた罪をも静一が償っていることを感じさせている。

(12) 遠藤周作文学館所蔵の、『炎の河』(二宮孝顯訳、青光社、一九四〇年)と『黒い天使』(有永弘人訳、中央公論社、一九四二年)に残された書き込みを引用した。

第７章　ひそやかで、ささやかな日常のうちに
――現代カトリック教会における聖性のヴィジョン――

稲葉　景

はじめに

第二バチカン公会議[1]の終了から、半世紀以上が過ぎようとしている。ローマ・カトリック教会の「現代化（アジョルナメント）」というテーマのもとで行われたこの会議で、教会はカトリック信徒だけではなくすべての人びとに「開かれた教会」となること、宗教や民族、文化などの壁をこえた「対話」をし、なによりも「小さな人びと」のために奉仕する教会となることを宣言した。これはカトリック教会における長い歴史のなかで「初めて」公的に「教会の外へ」と発信したメッセージとして、世界中に大きな影響を与えたと言われている。

また、この会議では「すべてのキリスト者」が「神の民」であることを確認するという「改革」も行われた。つまり、すべてのキリスト者は洗礼によって同じように「聖性」に招かれており、聖職者も信徒も平等にキリスト者として多様性のなかにおいて一致していると宣言されたのである。[2] 今のわたしたちにとっては当たり前のように感じるかもしれないが、この半世紀はカトリック教会にとって、大きな変化の時代であった。こうして、カトリック

教会は新たな世界、新たな時代へと「旅する教会」として船出をしたのである。そして、現在、教皇フランシスコは、改めてわたしたちに、現代においてキリスト者として聖性を生きることを具体的に希望している。

ここでは、第二バチカン公会議から今までに示された文書、そして特に教皇フランシスコ使徒的勧告『喜びに喜べ』を手掛かりとして、現代カトリック教会における「日常の中の聖性」について考察することで、現代社会に生きるわたしたちのありふれた日常のうちにある、ひそやかで、ささやかな聖性についてまなざしを向けたい。

一　第二バチカン公会議における聖性

「第二バチカン公会議は、すべてのキリスト者が聖性へと招かれていることを思い出させた」[3]。公会議でも倫理神学において主導的な役割を果たした神学者ベルナルド・ヘーリンク（Bernard Häring, 1912-1998）のことばに示されているように、この公会議によって、すべてのキリスト者は等しくイエス・キリストとともに歩む聖性の道にあることを公に宣言した。

第二バチカン公会議は二つの意味でカトリック教会の長い歴史の中でも大きな「改革」であった。まず一つは外への改革。ときの教皇ヨハネ二十三世は、公会議を異端審問など教会内の問題について検討するための集まりではなく、「一方においては精神的貧困に苦しむ世界、他方には生命力にあふれるキリスト教の教会がある。〔中略〕今こそカトリック教会と全人類家族にとって全世界的教会会議を開催する時であると考え」[4]公会議を招集した。つまり、教会の「外にひらかれた」公会議の開催を宣言した。キリスト者として、イエス・キリストに根差した「時のしるし」を見極めて、時代と対話する「現代化」といわれるこの第二バチカン公会議は、教会の外へとまなざしを向けたのである。

また、もう一つは教会内の改革であった。それは、すべてのキリスト者の聖性を「宣言」したことであった。「すべての人が、神の新しい民に加わるように招かれている」という宣言は、当時の位階制の「外」にある信徒（当時の「平信徒」）にとって、キリスト者としての生きかたに大きな意義を与えた。

教会において、すべての人は聖職位階に属している人も、それによって牧されている人も、皆聖性に召されている。「神のみ心は、あなたがたが聖なる者となることです」（一テサ四・三、エフェ一・四）と使徒が言っている通りである。教会のこの聖性は、信者の中に働く霊の恵みの果実としてたえず明示されており、また明示されなければならない。(5)

つまり今までは聖性への道の途上で顧みられることのなかった信徒も「交わりの共同体」として、「父と子と聖霊の一致に基づいて一つに集められた民」(6)として認められることとなったのである。「したがって、いかなる身分、地位にあっても、すべてのキリスト信者が充実したキリスト教的生活と申し分ない愛の実践に召されていることは誰の目にも明らかであり、この聖性は地上の社会においても、より人間らしい生活条件の向上に貢献する」(7)。

信徒の聖性についてはこの公会議のはじめから検討され、「人間のからだのすべての部分は多様であっても、一つのからだを形成するように、信者たちもキリストにおいて同様である。キリストのからだの建設においても、それぞれ異なる部分と職務がある」(8)と『教会憲章』で示されたのち、『信徒使徒職に関する教令』が書かれ、使徒職に関する信徒の聖性が具体的に示された。そのなかでは「信徒の生活の霊性は、結婚生活や家庭生活、独身や寡婦の身分、病弱な状態、職業活動や社会活動など、それぞれからにじみ出る特色を帯び」、「信徒が至福八端の精神を実際に自分の生活の中で表す」ものとして、聖職者だけではないさまざまな役割と任務の中での聖性が書かれている。(9)「聖性は唯一であるが、神の霊に動かされるすべての人々、そして、父の声に従い、霊と真理のうちに父である神を礼拝しつつ、貧しく謙虚にして十字架を担うキリストに従うすべての人々が、さまざまな生活のしかたと任務を通してそれをはぐくんでいる」(10)。つまり、それぞれに与えられた具体的な生きかたの中で、聖性が働いていることが示されたのである。

二　公会議後から現代へ

教皇ヨハネ・パウロ二世（在位一九七八―二〇〇五年）

第二バチカン公会議の精神であるヨハネ二十三世とパウロ六世の名を受け、改革路線を受け継ぐためヨハネ・パウロ一世と命名した教皇は在位わずかで帰天してしまう。その後選出されたのが、前教皇の継承を意味する教皇名のヨハネ・パウロ二世である。

ヨハネ・パウロ二世は「空飛ぶ教皇」と呼ばれたように「開かれた教会」を体現し、在位中、世界中を平和の使者として訪問した。また、それとともに、ヨハネ・パウロ一世の精神を継承し、信徒にもわかりやすいことばを使いながら、数多くの文書を発表している。

特に教皇は第二バチカン公会議の精神を受け、信徒の聖性についてさらに深めたが、なかでも家庭の聖性を重視して展開していた。ヨハネ・パウロ二世は、教皇に選出されてすぐ、一九八〇年には第五回世界代表司教会議（通称、シノドス）(11)「今日の世界におけるキリスト者の家庭の役割」、一九八七年には「教会と世界における信徒の召命と使命」（使徒的勧告『信徒の召命と使命（*Christifideles laici*）』）を開催している。信徒や家庭の問題は第二バチカン公会議『現代世界憲章』で示唆された緊急課題の一つでもあった。

「家庭よ、本来の姿に戻りなさい。〔中略〕本来の姿になろうとするならば、家庭の本質と役割は愛です[12]」。ヨハネ・パウロ二世は第五回シノドスを受けた使徒的勧告『家庭』（*Familiaris consortio*）において、家庭は信者固有の聖性であり、家庭は「社会の生き生きとした（vital）基本的細胞」として「交わり（koinonia）」の最も重要な道であるとした。そして、この家庭の「交わり」こそが共同体の交わりの「内的なダイナミズム[13]」の源泉としての愛であるとし、家庭から生まれる信徒の聖性を説いている。また、離婚や事実婚など現代における家庭の問題についても取り扱い、司牧的配慮などキリスト者としての具体的なありかたを示している。

教皇ベネディクト十六世（在位二〇〇五―二〇一三年）

その後の教皇ベネディクト十六世は、一般謁見演説「聖性への普遍的召命」（二〇一一年四月一三日）において第二バチカン公会議の精神を確認しながら、理論だけではない現実に生きるわたしたちの聖性についてこのように書いている。

聖性の秘訣とは何でしょうか。ここでも第二バチカン公会議は正確に述べます。キリスト教的聖性とは、完全に愛を生きることにほかなりません。「神は愛です。愛にとどまる人は、神のうちにとどまり、神もその人のうちにとどまってくださいます」（一ヨハネ四・一六）。今や神は、わたしたちに与えられた聖霊によって、ご自分の愛をわたしたちの心に豊かに注いでくださいます（ローマ五・五参照）。そのため、第一のもっとも必要とされるたまものは愛です。わたしたちは愛によってすべてを超えて神を愛し、神への愛のゆえに隣人をも愛します。しかし、愛がよい種のように心の中で育ち、実を結ぶために、信者は皆、神のことばに進んで耳を傾けなければなりません(14)。

そしてベネディクト十六世は、キリスト教の愛のわざを「よいサマリア人のたとえ」に見出し、聖性をどこで愛が必要かを見、そこから行動する心、「見ることのできる心」だとしている。「聖性、すなわち完全なキリスト教的生活とは、特別な事業をなし遂げることではありません。むしろそれは、キリストと一つに結ばれることです。キリストの神秘を生きることです。キリストの生き方、考え方、態度を自分のものとすることです。聖性の度合いは、キリストがわたしたちのうちで達する背丈によって決まります(15)」。つまり、聖性とは特別なものではなく、わたしたちそれぞれが身の丈に合った日常生活における実践的な行為のうちにあることを説いているのである。

三　教皇フランシスコにおける聖性

現教皇フランシスコは、第二バチカン公会議の精神をより現実での生活に根差したものとして、展開し続けている。「公会議は聖霊による美しい会議」であったが、「ただ、その五〇周年後、わたしたちは聖霊が公会議でわたしたちに促したすべてのことを実行してきたでしょうか？〔中略〕カトリック信者たちが、はたして公会議が示した、あの教会の成長の継続性に心を開いたでしょうか？　その答えは「ノー」です。〔中略〕今こそ、改めて聖霊からいただいた恵みである第二バチカン公会議の内容をしっかりと実践し続けていくときです(16)」。

二〇一三年に選出された教皇フランシスコは、五六ユーロのスチール製の十字架を胸に下げ、バチカンにホームレスを招待して食卓をともにしたり、洗足式では受刑者の足を洗ったり、貧しい人びとや罪人をまさに家族として迎え入れる異例の教皇と言われ、教会の内外から熱狂的な支持を受けているため、「ロックスター教皇」と呼ばれている。

外へ出て行かない教会は、いずれ教会の塀の内側で空気に汚染され、病にかかるでしょう。外に出て行く教会は、何かに遭遇するというのは事実です。人は外に出ると、何かが起き、事故にあうこともあるでしょう。しかし、たとえそうだとしても、率直にいえば、わたしは、病んだ教会よりも傷ついた教会のほうが千倍望ましいと考えています。内向的な教会がかかる典型的な病は、自分のことだけを考え、福音書にある腰の曲がった婦人のように「自己中心病」になることです。これはある種のナルシシズムであり、わたしたちの精神を荒廃させわたしたちを俗物の聖職権主義者にするだけです。その結果、私たちから福音の美しく慰めに満ちた喜びを経験する機会を奪い取ってしまいます(17)。

教会はどのような人も受け入れる「野戦病院」であるべきだと主張する教皇は、就任後すぐに諸宗教との連帯や社会問題への積極的な発信などさまざまな改革を行っている。また、教会内でも次々と現代の教会で起こっている問題について教会に問いを投げかける。前教皇ベネディクト十六世が開催した二〇一三年第一三回シノドス「キリスト教信仰を伝えるための新しい福音宣教」を「信仰年」の途中でひき継いだフランシスコは教皇フランシスコとして使徒的勧告『福音の喜び』を発表、シノドス第三回臨時総会「福音宣教の観点から見た家庭の司牧的課題」（二〇一四年）を開催し、続いて第一四回シノドス「教会と現代世界における家庭の召命と使命」（二〇一五年）（使徒的勧告『愛のよろこび』［*Amoris Laitita*］）と、もっとも身近な日常である家庭の観点から共同体を考えた。その後も、

第一五回シノドス「若者、信仰、そして召命の識別」（二〇一八年）（使徒的勧告『キリストは生きている』〔*Christus Vivit*〕）では特に教会離れの進んでいる若者への福音宣教を考えるなど、全教会からの対話をもとに現代における福音のありかたについて示し続けている。もちろん、一方で回勅『ラウダート・シ』ではカトリック教会として地球環境問題そのものを初めて問題提起するなど数々の発信しているが、ここでは聖性にまなざしを定め、特に使徒的勧告『喜びに喜べ　現代における聖性』（*Gaudete et exsultate*）（二〇一八年）を概観しながら、教皇フランシスコの聖性の現代的ヴィジョンを見て取りたい。

現代における聖性　使徒的勧告『喜びに喜べ』

カール・ラーナーが公会議中から示唆していたように、カトリック教会はすべてのキリスト者としての聖性の道のまだ途上にある。そのような強い想いから、第二バチカン公会議の体現化の一つのあらわれとして、この公文書は書かれたと推測される。通常、使徒的勧告はシノドスを受けて発表されるが、この文書は一つのものに対応したものではなく、今までのシノドスなどを受けて書かれたのではないか。

「喜びなさい。大いに喜びなさい。天には大きな報いがある。あなたがたより前の預言者たちも、同じように迫害されたのである」（マタイ五・一二）。タイトルとなっているこの Gaudete et exsultate は「喜びなさい。大いに喜びなさい」（新共同訳）という聖書の言葉に由来する。これはイエスが民衆に語った山上の説教、至福八端（マタイ五・三―一二）の最後の節である。教皇は特に至福八端を使いながら現代世界における聖性とは何を示しているのか、キリスト者であるわたしたちはどのように生きるのかを語っている。

教皇はこの文書を決して「学術論文」ではなく、「現代にあった実際的なしかたで、危険、挑戦、機会も含めた聖性への呼びかけをあらためて響かせること」が「ささやかな目標」だとして、文書を始めている。そしてなによりも聖性はすべての人に対して開かれていること、つまり、聖性はわたしたちのうちにあることをこの文書のはじめに記している。アブラハム、サラ、モーセなどだけではなく、「自分のお母さんや、おばあさん、他の親しい人たち（二テモテ一・五）」など、すべてのひとは「主の心にかなう者」となりうる[18]。キリスト者としての道は、具体的な生活のなかで行われる「根気の道」であり、わたしたちのすぐ近くで神の現存を映し出す「身近な聖性」、「中産階級の聖性」であると語る。また、注目すべき点であるが、聖性は「カトリック教会の外や、全く関係のないところであっても、聖霊は「キリストの弟子を助ける、ご自分の現存のしるし」を浮かび上がらせる[19]」とし、エキュメニカルな働き（正教会、聖公会、プロテスタント）や他宗教への開きをも示唆している。また、特に女性の聖性についても取り上げているが、ビンゲンの聖ヒルデガルト、聖ビルジッタのような聖人も例として挙げつつ、名も知らないキリスト者にも聖性を見出すことの重要性を指摘している。「わたしの関心は、知られることのなかった女性、また忘れ去られた多くの女性、それぞれの固有のしかたで、自らのあかしによって家族や共同体を支え、変えた人たちを思い起こすことにあるのです[20]」。つまり、教会の内外、高齢者、女性など今までの教会ではあまり省みられることのなかった人びとのうちの聖性のかがやきを教皇は指摘しているのである。聖性はこのような「それぞれが置かれている場で、日常の雑務を通して、愛をもって生き、自分に固有のあかしを示すことで聖なる者となるよう、わたしたち皆が呼ばれているのです[21]」。そのため、フランシスコの挙げる具体的な聖性への道のりは、わたしたちの生活にある身近な「小さな行動」、例えば「陰口を我慢する」、「疲れていても話を聞いてあげる」などであり、日頃の「小さな行動の積み重ね」なのだと繰り返し語る。

また、至福八端（マタイ五・三―一二、ルカ六・二〇―二三）は具体的なわたしたちの生活に基づく「キリスト者の身分証のようなもの」であり、これを「行動に移す」ことであるが[22]、このメッセージは世の中の価値とは「明らかに逆行」する別の生きかたを選ぶこと意味する。それは、「貧しさを心に持つこと」（「心の貧しい人びとは幸いである、天の国はその人たちのものである」）、「謙虚に柔和に応じること」（「柔和な人々は幸いである、その人たちは地を受け継ぐ」）、「人とともに涙が流されること」（「悲しむ人々は幸いである、その人たちは慰められる」）、「飢えと渇きをもって正義を求めること」（「義に飢え渇く人々は、幸いである、その人たちは満たされる」）、「思いやりの心で目を向け行動すること」（「あわれみ深い人々は幸いである、その人たちはあわれみを受ける」）、「愛を曇らせるもののいっさいない真っ更な心を保つこと」（「心の清い人々は幸いである、その人たちは神を見る」）、「周囲に平和の種を蒔くこと」（「平和を実現する人々は幸いである、その人たちは神の子と呼ばれる」）、「日ごと福音の道を、それに苦しめられることになっても受け入れること」（「義のために迫害される人々は幸いである、天の国はその人たちのものである」）である。

さらに教皇は「今日の世界における聖性のしるし」は、特に教皇が「主がわたしたちに求めておられる生きかたを理解するために欠かせない」「いくつかのしるしや心の姿勢」だとして五つのセンスを挙げている[23]。それは、「辛抱、根気、柔和」、現実に立脚することを忘れず、前向きな希望ある心で人々を照らす「喜び、ユーモアのセンス」、新しいことへと勇気をもって向かおうとするための「この世に影響を与えようとする福音宣教者の機動力」である「大胆さ、熱意」（パレーシア）、「共同体の中で」あること、「超越なるものに対してつねに開かれ」るための「たえざる祈り」。これらによって、霊的な成長の道を歩むことができるとしている。フランシスコの福音のもとには神への祈りを源泉とした喜びがあり、共同体のうちでのユーモアがひそんでいる。「ささやかな愛情表現を大切にする共同体では、成員が互いに気遣い合い、開かれた場、福音化の場を築いており、そこは、御父の計画のとおりにご自分をささげられた復活の主の現存の場です[24]」。

ここで示されている聖性のしるしとは、かつて理想とされた修行による完徳とは様相の異なるかたちでの聖性といえよう。しかしながらこれは過去の聖性を否定するものではなく、第二バチカン公会議で萌芽した「時のしるし」を見極めて教会の教えやありかたを「現代に適したものにする（アジョルナメント）」うちでの時宜にかなった変化なのではないだろうか。

現代生活には、「行動と娯楽の途方もない数の可能性」が提供され「普段のザッピング文化」のなかでわたしたちは「自分の中にあるもの——欲望、苦悩、不安、期待——を、そして自分の周りで起きていること——『時のしるし』——を、よく確かめるように」キリストから呼びかけを受けている。[25]

「アップデート（アジョルナメント）」された現代社会では、聖性への誘惑も変化している。フランシスコがたびたび用いる「使い捨て文化」、うわべだけのつかの間の幸福ばかりを追求して利益中心、大量消費の幻想の犠牲として、知らず知らずのうちに埋もれている文化に対して、わたしたちは気づき、行動することが求められているのだろう。

『喜びに喜べ』の最後では、教皇はわたしたちへの強いメッセージで締めている。「本書が、聖性への熱い思いを奨励することに献身する教会全体にとって、役立つものとなるように期待しています。神の大いなる栄光のために、聖なる者になりたいという熱い思いを抱き、それを目指して互いに励まし合うことができますように。そうすればわたしたちは、この世には決して奪い取ることのできない幸いを、ともに手にすることができるでしょう」[26]。

「喜びなさい。大いに喜びなさい」というキリストの呼びかけは、イエスの時代においても、現代社会においても、この世の価値や判断基準とは異なるものである。つねに潜んでいる使い捨て文化に対して、わたしたちは自分勝手に、自分の都合に合わせて、呼びかけをすり抜ける誘惑に駆られるかもしれない。教皇フランシスコは、その時代にあらわれる欲望に抗い、わたしたちの身近で具体的な生活のなかで、それが聖職者であっても、信徒であっても、それぞれの道において、すべてのひとが聖性に向かうことの重要性を示し、どのように生きることが必要なのかをつねに真正面から語る。フランシスコのことばは、やさしく、しかし、ときに良心に厳しい痛みを与えてくれる。そして、わたしたちが、神と人びとともに、ひそやかで、ささやかな日常における聖性を生きるための道を説き続けているのである。

四　新しい時代の聖性を生きる

二〇二〇年一〇月にフランシスコは新しい回勅『フラテッリ・トゥッティ（*Fratelli tutti*）』を発表した。教皇はこの文書を「社会的回勅」と呼び、より広く開かれた教会のこれからのありかたを発信している。同回勅は、世界の兄弟愛と社会的友愛の希求を促すことを目指している。新型コロナウイルス感染症が世界に拡大しているなかで、分断された世界を個人や市場ではなく、共同体社会として貧しい人びと、社会の端にいる人びとを優先するシステムを作るために個人の日常的関係、社会、政治、公共制度において、より正しく「兄弟的な世界」を築くための具体的に実行可能な道とは何かを示している。アッシジの聖フランシスコの呼びかけである「Fratelli tutti（兄弟である皆さん）」ということの言葉を用いて、「すべての兄弟姉妹に向け、福音の味のする生活の形を彼らに提案するために」[27]、「使い捨て文化」や「壁の文化」のもとにある人種差別、女性差別、移民・難民問題、貧困、死刑、権利の不平などに対して、人間の尊厳といのちの聖性を説き、人類の兄弟愛の名のもとにある現実的な平和を模索している。この文書では、イスラム教指導者の一人であるアル＝アズハルのグランド・イマーム、アフマド・アル・タイーブ師と共に署名した共同文書「世界平和と共存のための人類の兄弟愛」にも言及されており[28]、カトリック教会だけではなくキリスト教の枠さえもこえて、イスラム教とともに、宗教の一致した平和への歩みを進めるヴィジョンを示している。これは、現代における聖性のありかたは個人ではなく、社会共同体、そしてときに宗教さえもこえた世界へのひろがりを見せているのではないだろうか。

また、新たなかたちでの聖人モデルもあらわれた。二〇二〇年一〇月一〇日、イタリア・アッシジの聖フランシスコ大聖堂で、二〇〇六年にわずか一五歳のときに白血病で帰天した少年、カルロ・アクーティスが列福されたのである。カルロは、ハンサムで人気がありコンピューターの天才で、友人にジョークを言い、テレビゲームやサッカーを楽しむごく普通の少年であった。しかし、「一人ひとりは神の光を映し出す」と常々言い、深い信仰を持っており、ミサにほとんど通ったことのなかった彼の母親を回心させるほどの聖体への信心があったという。その生涯に対して、カトリック教会はカルロ・アークティスを新しいミレニアル世代の若い福者と認めた。お気に入りのジャージにデニム、ナイキのスニーカーを履いた福者の誕生は、身近なわたしたちの生活の中にこそ、新しい時代の聖性がひそんでいることを示しているだろう。

おわりに

第二バチカン公会議後、「聖性」という言葉は、わたしたちの日常に根付いたものとしてより具体的に現実的な生活に即したかたちで理解されるようになった。聖性は遠くにある理想的な姿という意味ではなく、わたしたちの身近な生活の中に、ヘーリンクの言葉を借りれば「社会現象」として、たちあらわれる。それは聖職者だけではなく、すべてのキリスト者にとって招かれているキリスト者としての生きかたである。第二バチカン公会議から半世紀が過ぎ、新しい教会のヴィジョンとしての聖性は、これからの時代に地上にひろがりはじめているのではないだろうか。わたしたちのひそやかで、ささやかな日常のうちに。

註

（1）公会議とは、使徒会議がその発祥とされ、教皇（ペトロの後継者）と世界の司教団（各地域の代表者）が一体となってさまざまな問題を討議し、決議投票するカトリック教会に於いてもっと権威ある会議。第二バチカン公会議は、前回から約一〇〇年後の一九六二年にヨハネ二十三世によって招集され、パウロ六世によって遂行され、一九六五年まで開催された。

（2）『教会憲章』（*Lumen gentium*, 以降、LGと省略）第三九項、南山大学監修『第二バチカン公会議公文書』（サンパウロ、二〇〇一年）所収。

（3）B・ヘーリンク「キリスト者の成熟とは何か」、『神学ダイジェスト』第九号、二〇頁。

（4）ヨハネ二十三世使徒憲章『Humanae salutis（フマネ・サルーティス）』（『歴史に輝く教会』三二三頁）。

（5）LG39.

（6）LG4.

（7）LG40.

（8）LG7.

（9）『信徒使徒職に関する教令』（*Apostolicam actuositatem*）第四項。

（10）LG41.

（11）第二バチカン公会議後、パウロ六世によって設置された会議。世界の各地から選出された代表者の司教等が集まって会議を開き、現在教会が考えていかなければならない事柄を話し合う会議。教会としての決定権はなく、教皇が提示したテーマについて意見を聞き、代表者の提言を受けて、その公文書として使徒的勧告をあらわしている。

(12) ヨハネ・パウロ二世使徒的勧告『家庭』（*Familiaris Consortio*, 以降、FC）第一七項。

(13) FC18.

(14) 教皇ベネディクト十六世二六六回目一般謁見演説「聖性への普遍的召命」（二〇一一年四月一三日）。

(15) 同右。

(16) ミサ説教、二〇一三年四月一六日。

(17) 第一〇五回アルゼンチン司教会議への教皇フランシスコの手紙、二〇一三年。

(18) 使徒的勧告『喜びに喜べ　現代における聖性』（*Gaudete et exsultate*, 以降、GE）第三項。

(19) GE9.

(20) GE12.

(21) GE14.

(22) GE64.

(23) GE112-141.

(24) GE145.

(25) GE168.

(26) GE177.

(27) 教皇フランシスコ回勅『フラテッリ・トゥッティ（仮）』（*Fratelli tutti*, 以降、FT）。

(28) FT285.

第8章　ヴィクトール・E・フランクルの人間観と宗教観

――「意味」の根源としての神――

釘宮　明美

はじめに

予期せぬ不条理な出来事や困難、耐え難い苦しみに直面したとき、人は往々にして「なぜこんな苦しみがあるのか」「自分は何のために生きているのか」「この世は生きるに値するのか」と問わざるを得ない。あるいは、平板な時間の流れの途上でふと己を顧みて、人生の意味を自問する時もあろう。『ある心理学者の強制収容所体験』（邦題『夜と霧――ドイツ強制収容所の体験記録』[1]）の著者として知られるユダヤ人精神科医ヴィクトール・エミール・フランクル（Viktor Emil Frankl　一九〇五―九七年）は、晩年のインタビューに答えて「私は、他の人々が人生の意味を見出すのを援助することに、自分の人生の意味を見出した」との言葉を残している。ナチスの強制収容所を奇跡的に生き延びたフランクルの著作は、二一世紀に入っても今なお広く読み継がれ、多くの読者の心を掴んでいる。[2]特に一九四六年にウィーンで出版された本書は、わが国でも臨床心理学の草分け的存在であった霜山徳爾[3]の名訳によって『夜と霧』という題名でいち早く出版され、以来、版を重ねてきた。二〇一一年三月一一日の東日本大震災を経て、日本では近年さらにフランクルの著作が広範囲に受容され、再版や未邦訳書の出版、関連書籍の刊行が相次いでいる(4)。

フランクルは主著『医師による魂の配慮』（邦題『死と愛――実存分析入門』『人間とは何か――実存的精神療法』(5)）の末尾で「ロゴセラピーと実存分析によってわれわれが足を踏み入れる領域は、医学と哲学の境界領域である。医師による魂の配慮はなおのこと、医学と宗教の境界線上に動いている(6)」と述べた。この言葉には、「心理療法におけるウィーン第三学派」と称される「ロゴセラピーおよび実存分析（Logotherapie und Existenzanalyse）」の創始者であったフランクルの思想が、精神医学や心理療法の領域に留まらない宗教的な射程と哲学的人間学的な基盤を有していることを示していよう。フランクルは「人間は神に対して無意識にではあれ、志向的な関係を常に既に有している」と見なし、「神」と人間とのこのような関係性を「無意識の宗教性（die unbewusste Religiosität）」「意識されない神・無意識の神（der unbewusste Gott）」と呼んだ(7)。

本稿では、フランクルの人間観を素描した上で、教え子によって書かれたフランクル夫妻の物語的評伝(8)や信仰をめぐる対話(9)、強制収容所から帰還直後に書かれた未発表草稿や書簡(10)を視野に収めて、フランクルの思想とその生きざまにはユダヤ教の信仰が核としてあったことを明らかにする。続いて、フランクルの宗教観とそこから帰結する時間論について考察し、その日常の形而上学を手がかりにして「日常の中の聖性」というテーマに応えたい。

一　フランクルの人間観とロゴセラピーおよび実存分析の理論

フランクルは、フロイト（Sigmund Freud　一八五六―一九三九年）の精神分析とアドラー（Alfred Adler　一八七〇―

一九三七年）の個人心理学を批判的に摂取して、ロゴセラピーと実存分析の理論を構築した。精神分析が抑圧された無意識の衝動性と快感原則に立脚することで「意識性」としての自我を制限し、また個人心理学が劣等感とその加工である優越性の欲求に立脚することで「責任性」としての自我を制限していると、[11]フランクルは批判する。そして、人間存在を構成する身体・心・精神の三つの次元の中で「精神的なものを含む領域」を重視し、人間を「意識性存在（Bewusstsein）」と「責任性存在（Verantwortlichsein）」の統合として把握しようとした。[12]

フランクルによれば、人間は単なる衝動や心理に還元されない、「意味（Sinn）」や意義を志向する「精神的な存在」である。自分自身の生きる「意味」を問い、「現存在（Dasein）」を問題にすることができるのはただ人間のみであり、そこに「人間的実存の本質的根拠」を見た。ウィーンの青少年相談所での若者のカウンセリングと精神科病院での神経症患者への豊富な臨床経験から、フランクルは患者たちの心理的な苦しみの背後にある精神的な苦闘に目を向けた。存在の「意味」への要求が充たされないとき、人間が生きるに値する「意味」を自分の人生に与える努力がうまくいかないとき、人は「実存的欲求不満」に陥って苦しみ「実存的空虚感」という無意味感に苛まれて病むことさえありうる。[13]

身体的次元や心理的次元ではなく、こうした精神的な次元に起因する「精神因性神経症」、さらに臨床的な意味では病気とは診断できない苦悩を抱える者に対し、人間の「意味への意志」に呼びかけ、それを目覚めさせるのが「ロゴス」を用いた「セラピー」すなわち「ロゴセラピー（Logotherapie）」であった。[14]ギリシア語の「ロゴス」は理性、言葉、意味、倫理をはじめ広く「精神」に関わるものを含意するが、「精神的なものからの心理療法（Psychotherapie vom Geistigen her）」[15]であり、「精神的なものへ方向づけられた心理療法（am Geistigen orientierten Psychotherapie）」[16]であると説明されている。

ここには時代背景も無視できない。フランクルが精神科医としてのキャリアを開始した一九二〇年代後半には、前世紀末からの学問の専門化と細分化が進んだ時代でもあった。

すべてを生物学的立場から説明可能と考える生物学主義、社会学的要因から解明しようとする社会学主義、心理学的なものに帰着させる心理学主義というように、「〜主義（イズム）」においては個別科学が絶対化されていく。多元的な現実をすべて単純な一つの原理のみに還元して「すべては結局……に過ぎない」と一元的・一義的に説明し尽くそうとする学問的傾向を、フランクルは「還元主義」と呼んで批判し、そこに学問上のニヒリズムのみならず時代を覆うニヒリズム（Nihilismus）――それは存在の「意味」を否定する――を見て取る。[17] 還元主義においては、人間存在の多元性と多様性が見失われ、すべてが「汎決定論」となってしまう。

しかしフランクルが強調するのは、人間はどのような制約された状況の中にあっても、自ら態度を決する「自由」と「責任」があるのだ、ということに他ならない。トマス・アクィナスの「多様なものの統一（unitas multiplex）」という用語を借りて、人間を「多様性にもかかわらずの統一」と定義する彼は、人間存在の多次元性・多義性を多面体の投影図の事例を用いて巧みに説明している。[18] そして、人間存在を身体的なもの・心理的なもの・精神的なものという三次元の層構造において捉える「次元的存在論（Dimensionalontologie）」を展開し、心理療法に精神的―人格的次元を導き入れる。

実存するということは、自己自身から出て、自己自身に向かって歩むことである。その場合、人間は身体的・心理的なものの平面から出て、精神的なものの空間を通り、自ら自身に至るのである。実存（外に出る）ということは精神のうちにおいて行われるのである。[19]（傍線引用者、以下同じ）

「実存分析（Existenzanalyse）」の「実存（Existenz）」という語が、現に在る（Dasein）自己を超え出て、すなわち

「自己超越」して「外へ－出て行く（ex-istere）」ことを含意するように、あらゆる自由には「何からの（Wovon）自由」だけでなく、より積極的な「何に向かっての（Wozu）自由」が属する。[20] 確かに人間は、生物学的・心理学的・社会学的な諸条件によって規定された存在ではある。だがフランクルは、フロイトの精神分析とは異なって、人間の意思は「衝動」から自由であり、「責任があることを意識する存在」として、「責任」に向かって自由でありうると主張する。さらにこの「責任」に向かっての自由とは、「良心の所有」に向かっての自由であることが[21]『識られざる神』では特に強調されている。

　人間が決断する自由と責任を有するという存在理解や「実存」「現存在」という語の響きから明らかなように、フランクルはヤスパースやハイデガーの『存在と時間』における実存概念に少なからず負っている。[22] 人間は単なる「そのようにある」すなわち「相在（事実存在）（So-sein）」で終わるものではなく、自由意志的に「他のものになりうる」存在である。[23] 人間の実存を最も深く特徴づけるのは「自己超越」という性格であり、この実存が志向するものに応じてその人自身の本当の自己が実現されていく。それは「自己自身を超えて、もはや自己自身ではないあるもの」を指し示す。「充たされるべき意味」を、例えば「われわれが出会う他の人」や「仕えるもの」や「愛する人格」のように。すなわち「責任」とは、自分の人生を「意味」で満たすことに対する「責任」であり、「意味に対する責任」に他ならない。[24] こうして、意味の充足と価値の実現化という「人生の意味への問い」が中心的課題となる。この「意味に対する責任」は、フランクルの言葉では「良心（Gewissen）」と深く結びついており、「何の前での・誰に対する責任か」という潜在的問いを含んでいる。

二　強制収容所体験と「問われた者」としての人間存在

以上のようなフランクルの人間観とロゴセラピーおよび実存分析の理論は、周知の「三つの価値」も含めて、アレクサンダー・バッチャニーの指摘するところでは、フランクルが強制収容所に移送される一九四二年のかなり前から、講演や論文にその骨子が発表されていた。[25] 一九三八年に発表された論文「心理療法の精神的諸問題について」では、実存分析の概念とその理論的応用がなされており、既に一九三三年には基本的概念を見出し、臨床の現場でも実践されていた。しかし、フランクルの強制収容所での体験が自身のロゴセラピーの理論に確証を与えたといえよう。幾つかのエピソードを紹介したい。

ユダヤ人への迫害が激化する中で、ロゴセラピーをライフワークとして著作に完成させるためにアメリカへの亡命を勧める周囲に対し、フランクルは愛する両親をウィーンに残したまま渡米することが許されるのかと思い悩む。ビザが発給されたが、彼は心に葛藤を抱えたままオルガンの音色に惹かれて入ったシュテファン大聖堂で祈り続ける。帰宅すると、たまたま父親がシナゴーグの廃墟から拾って来た石を持っていた。そこにはヘブライ語で十戒の一部が刻まれていた。「あなたの父と母を敬え。これは、あなたの神、主が賜る地で、あなたが長く生きるためである」。その瞬間、フランクルは「これが答えだ」と直観する。こうしてフランクルはウィーンに留まった。[26]

程なく一家に移送の通知が来る。テレージエンシュタットを経てアウシュヴィッツ第二収容所ビルケナウに移されたフランクルは、愛する妻ティリーとも生き別れとなる。着衣はすべて没収され、コートに縫いつけて密かに携えていた『医師による魂の配慮』の原稿も失ってしまう。しかし、与えられたぼろ服――ガス室送りになった被収容者の遺品――のポケットに、引きちぎられたヘブライ語の祈祷書の一ページを見出す。それはユダヤ人にとって最も重要な「シェマー・イスラエル」で始まる「あなたは心を尽くし、魂を尽くし、力を尽くして、あなたの神、主を愛しなさい」（申命記六・四—五）という教えだった。彼は艱難や死であれ、いかなる状況に直面しても人生に対して「イエス」と答えよという教えだと解釈する。そしてこのたった一枚の紙切れに、自分の原稿の何ページにも代わる神からの「使命」を見て取り、自分の思想を紙に書き留める代わりにそれを生き抜こうと決意するのである。(27)

しかし、カウフェリング第三収容所（ダッハウ収容所の支所）での過酷な強制労働の日々を生き延び、トゥルクハイムでようやく解放の日を迎えたフランクルに、ウィーンで彼を待つ家族は一人もいなかった。両親と兄、そして短い結婚生活で終わった妻ティリーの死という耐え難い現実を前にして、彼は友人の前でいつまでも泣き続ける。その一方で、「この試練には何か意味があるに違いない。何かを期待され要求されており、それを実現していくのが自分の運命（使命）なのではないか(28)」、「人生は無限に意味深く、そのために苦しみや挫折の中にすら意味があるに違いない(29)」と強烈に感じたという。

ウィーンに戻って来て妻の死を知ったフランクルが、友人のヴィルヘルムとベルナーに宛てた痛切な心情を物語る一九四五年九月一四日付の手紙の一節を紹介しよう。

こうして僕は天涯孤独の身となりました。同じ運命を背負った人でないと、理解してもらいえないでしょう。言葉にできないほど疲れ、言葉にできないほど悲しく、言葉にできないほど孤独です。この先は希望などまったくありませんが、恐れるものは何一つありません。人生の喜びはもはや存在せず、あるのは義務だけです。僕は良心に支えられて生きているんです……。そんなわけで今はふたたび腰を落ち着け、口述で原稿（『医師による魂の配慮』）を書き直しています。（中略）でも、……すべてのものが僕には何も語らず、何も意味をなしません。もっとも善い人たちは戻ってこず（僕の最良の友フーベルトは斬首刑に処せられました）、僕を一人きりにして去りました。収容所で僕たちは自分がてっきり人生のどん底にいるのだと思っていました。でも故郷に戻り、何をしても無駄で、自分をかろうじて生かしてくれていたものも打ち砕かれ、ようやく人間らしい暮らしができるようになった今、自分はもっと底なしの苦しみの沼に沈んでしまいそうだと感じざるをえません。今はほんの少し泣いて、ほんの少し聖書の詩篇のページをめくる以外、できることなど何もありません。（中略）

僕はこの岩のごとく堅固な肯定的人生観をもっていなかったら、この数週間、いやすでに強制収容所にいたあの歳月にどうかなってしまっていたでしょう。けれども今では僕は物事を別の次元で見ています。人生は無限に意味深く、そのために苦しみや挫折の中にすら意味があるにちがいない、とますます思うようになりました。そして僕に残されている唯一の慰めは、自分は与えられた可能性を実現したのだと、良心をもって言えることです。可能性を実現したとは、現実のものとすることで可能性を「救い出した」ということです。[30]（［ ］内引用者補足）

収容所で没収された原稿を再現すべくペンを執った『医師による魂の配慮』と、さらにその後わずか九日間の口述筆記で成った『夜と霧』には、われわれが人生の「意味」を問うのではなく、われわれ自身が「問われた者」として人生を体験するのだというコペルニクス的転回が語られている。人生はその都度われわれに問いを提出しており、われわれはその問いに正しく「応答する（Antwort geben）」「責任（Verantwortung）」があるのだ[31]、と。

ここで必要なのは生命の意味についての問いの観点変更なのである。すなわち、人生から何をわれわれはまだ期待できるかが問題なのではなくて、むしろ人生が何をわれわれから期待しているかが問題なのである。

……われわれが人生の意味を問うのではなくて、われわれ自身が問われた者として体験されるのである。人生はわれわれに毎日毎時問いを提出し、われわれはその問いに、詮索や口先ではなくて、正しい行為によって応答しなければならないのである。人生というのは結局、人生の意味の問題に正しく答えること、人生が各人に課する使命を果たすこと、日々の務めを行うことに対する責任を負うことに他ならないのである。[32]

「意味」や意義は常に具体的で一回性に充ちたものであるが、人間は個々の出来事を通して語りかけられ、呼びかけられ、問われている。その語りかけや問いかけに対して人は、日々の務めや具体的な行為、各人に課せられた使命を果たすことで応えていく。つまり「現存在の責任のうちにその答えは生じ、人間は実存そのものにおいて彼固有の問いに対する答えを「遂行する[33]」」のである。

三　「態度価値」という苦悩の意味

それにしても、過酷な強制収容所体験に加えて肉親・友人の死という、客観的に見れば生きる気力を奪うに等しい状況の中で、フランクルはなぜ「コペルニクス的転回」を語り得たのだろうか。

先の手紙には「人生は無限に深く、苦しみや挫折の中にすら意味があるに違いない」と、より確信するようになったと綴られている。『夜と霧』には、強制収容所という極限悪の中であってさえ、病人を庇い、飢えた者同士が一片のパンを譲り合い、優しい言葉をかけ、人間らしい感情と尊厳を失うことなく、むしろ精神の自由と高貴さと良心を持ち合わせた人々が少なからず存在していたことが、実例とともに記されている。

> ドストエフスキーはかつて「私は私の苦悩にふさわしくなくなるということだけを恐れた」と言った。……創造的に価値を実現することができる活動的生活や、また美の体験や芸術や自然の体験の中に充足される享受する生活が意義をもつばかりでなく、さらにまた創造的な価値や体験的な価値を実現化する機会がほとんどないような生活——たとえば強制収容所におけるがごとき——でも意義をもっているのである。すなわちなお倫理的に高い価値の行為の実現を許していたのである。それはつまり人間が全く外部から強制された存在のこの制限に対して、いかなる態度をとるかという点において現われてくるのである。……創造的及び享受的生活ばかりが意味をもっているわけではなく、生命そのものが一つの意味をもっているなら、苦悩もまた一つの意味をもっているに違いない。苦悩が生命に何らかの形で属しているならば、また運命も死もそうである。苦悩と死は人間の実存を始《ママ》めて一つの全体にするのである！
>
> 一人の人間がどんなに彼の避けられ得ない運命とそれが彼に課する苦悩とを自らに引き受けるかというやり方の中に、すなわち人間が彼の苦悩を彼の十字架としていかに引き受けるかというやり方の中に、たとえどんな困難な状況にあってもなお、生命の最後の一分まで、生命を有意義に形づくる豊かな可能性が開かれているのである——（以下略[34]）。

フランクルは、逃れ得ない運命や苦悩、生命の危機に晒されてあるような制約された状況の中でいかなる態度をとるかということの中に実現される価値を「態度価値（Einstellungswert）」と呼び、創造や活動を通して実現される「創造的価値（Schöpferischewert）」、自然や芸術の享受など体験の中に実現される「体験価値（Erlebniswert）」から区別する[35]。課せられた困難や苦難に際してそれをいかに受け入れ、自らの「十字架」として引き受け、担っていくか。

フランクルは臨床の現場で、さらには一切を奪われた非人間的な収容所の中でさえ「いかなる態度をとりうるか」という精神の自由が、可能性として残されていることを一つの証しとして体験する。[36]「態度価値」の可能性に対して「良心」をもって「応答」し得たとき、この可能性は「現実」のものとなって「救い出される」。このとき「態度価値」は苦悩に「意味」を与えるものとなる。

価値一般が反復される類型的な状況に内在する普遍的なものであるのに対し、「意味」は具体的で一回性・独自性に充ちたものであり、発見されるべきものである。それは「所与のもの」であり、たとえ普遍的価値が残らなくても見出すことができる。ここでフランクルの述べる「価値」ひいては「意味」は、彼が若い頃に哲学的影響を受けたシェーラー（Max Scheler 一八七四—一九二八年）が「状況価値（Situationswert）」と呼んだものに近接する。一回性と独自性という二つの契機が、有限的存在である人間の実存にとって「意味」付与の機会を成すものであり、決定的なのである。[37]

四　超越からの呼びかけ——「意味」の根源としての神

ここで疑問が生じる。われわれが「問われた者」であるならば、われわれに「問いを与える者」とは一体だれなのだろうか。人間に呼びかけ、問うている存在とは何であるのか。

フランクルによれば、制約された状況の中であっても人生に意味を与える「態度価値」とは人間の「良心」によるものとされるが、フランクルはこの「良心」の起源を人間に内在し、人間を超越する宗教的次元、すなわち「超越からの呼びかけ」と理解した。

良心それ自身が声——超越の声——であるのだから、……良心が「声をもつ」ことはできないだろう。人間はこの声をただ聴き取るだけのものであって、この声は人間から発せられるものではないのである。むしろ逆に、良心の超越的性格がはじめて、われわれに人間というものを理解させてくれる……。すなわち、「人格（Person）」という表現は、良心の超越的性格の光に照らされるとき、一つの新しい意味を与えられるだろう。というのは、われわれは今や、人間の人格の有する良心を通じて人間の外にある一つの審判者の声が響きわたる（Per-sonare）のだということができるのである。[38]（傍点原文、以下同じ）

さらに「良心」を、決断する存在としての人間に「原現象として無条件に属するもの」と捉え、その源泉について次のように述べる。

良心というものも、ある超越的な根源を指向するものと考えたとき、初めて意味深いものとして十全に理解することができる。……人間の存在論の内部でも、超越的な根源にさかのぼることなくして人間に関するすべてのこと、とりわけその良心を理解しつくすことはできないのである。良心は、人間の外部にあるところの宗教から考えるとき、すなわちわれわれ人間がその被造性において考えるときに、初めて究極的に、そして本来的に理解しうるものとなるのである。……われわれは、私の意志の主として私は創造者であり、私の良心の僕として私は被造者である。別の言葉を用いれば、人間の自由な存在（Frei-sein）を解明するには実存性で十分間に合うが、人間の責任ある存在（Verantwortlich-sein）を解明するには、人間が良心を所有する（Gewissen-haben）ということの超越性にまでさかのぼって考えなければならないのである。[39]

超越という垂直方向との関わりにおいて、人間は人格的な存在となる。「人間は、超越の呼びかけが彼の内で鳴り響きわたる（per-sonare）程度に応じてのみ、人格」なのであり、「この超越の呼びかけを人間は良心において聴き取る」のである。(40)「責任性存在」というフランクルの人間観には、「超越者が自らの来訪を告げる場所(41)」である「良心」の前での責任が含意されている。

フランクルが「超越の呼びかけ」の具体例として挙げるのが、預言者サムエルが主の声を二度にわたって聞き逃し、三度目にやっと返答した場面（サムエル記（上）三・二―九）であることは示唆的である。(42) 我と汝の倫理的・人格的な応答関係は、ヘブライ語聖書における神と人間との関係を容易に想起させよう。ユダヤ・キリスト教は神の「言葉」に「聴く」宗教であり、殊にヘブライ語聖書では神からの呼びかけに対する人間の応答の物語として読むことができる。「創世記」の天地創造の物語では、神の「言葉（ダーバール）」が被造物の命と存在を呼び出し、「言葉」が「出来事」となる。すなわち、神の「言葉」による創造という古代イスラエル人の思想を顕著に見て取ることができよう。これは逆に言えば、出来事や現実そのものの背後には必ず誰かの、つまり「神」の「言葉」があるというようにも解釈できる。

フランクルはニーチェを意識しつつ、人間の超自我の背後にあるものは、「超人（Über-mensch）の自我ではなく、神なる汝（Du）である(43)」と述べる。「もしも良心が超越者なる「汝からの言葉」でないとすれば、それは決して内在的なもの、いかにおける権威ある言葉ではありえない」からである。超越の呼びかけは、自己の最も奥深いところに内在して響き渡る、自己を超えたところからの言葉である。

フランクルの考えるところでは、精神はその深層の部分では無意識、つまり非反省的な意識であるが、超越からの呼びかけである「良心」もまた反省的意識よりいっそう深部にある無意識の根底に根差しているとされる。フランクルは、これを「無意識の宗教性」「意識されない神（無意識の神）」と呼んだ。それは文字どおり通常は意識化されないかもしれないが、制約された状況や困難や苦しみの中で期せずして、立ち現れる。逆に言えば、それは「人間が神に対して志向的な関係を常に既に有している」[44]ということを露わにする。

人生を問われた者として体験するとき、言い換えれば何らかの使命を課せられた者として受け止めるとき、そこには使命を委託した「超越的な審級」の存在が隠されている。[45]人生が「超越的委託者」への方向をもつものとして明瞭に立ち現れ、人生の使命と共にその使命の「委託者」がその人の意識と責任性に対して与えられている人間のことを、フランクルは「宗教的人間（Homo religiosus）」と定義した。[46]出会われる日常の出来事や経験にどのような「意味」を見出すかによって、その出来事は無限の奥行を持ち始める。こうして「意味」の背後にあって「意味」を根拠づける「超越的な汝」としての「神」、すなわち「意味」が由来する根源としての「神」に出会う場[47]が開かれるのである。

このことをフランクルは、遠近法の絵画がある一つの定点に収斂していく消尽点の比喩を用いて、諸々の価値もその「価値線 Wertlinien」を辿って行けば、「超越的にしてしかも構成的な」統一点に収斂するのではないかと洞察している。そしてシェーラーの「価値人格（Wertperson）」という考え方に立ち、次のようにさえ述べるのである。

> どんな真理も、突き詰めて考えられれば神を意味するのであり、またどんな美も、究極まで愛されるなら神を観るのであり、さらには、どんな挨拶も、正しく理解されるならば神に挨拶しているのである。[48]

五　フランクルの時間論――日常の聖化

このような観点に立つならば、出来事が生起する「現在」という時間、呼びかけに応答する「今」という時間[49]は、もはや単なる平板な「日常」ではあり得なくなる。強制収容所から解放された翌々一九四七年、ウィーンの市民大学で行った講演において、フランクルは次のような「日常の形而上学」を語っている。

日常は灰色で平凡でつまらないものに見えますが、そう見えるだけなのです。といっても、その日常をいわば透明なものにする、日常を通して永遠が見えるようにするということだけが、問題なのではありません。最終的に大切なのは、この永遠が時間に戻るよう私たちに指し示しているということです。時間的なもの、日常的なものは、有限なものが無限なものに絶えず出会う場所なのです。この出会いが日常の聖別式になり、日常を「神聖なものにする」可能性になるのです。私たちが時間の中で創造したり、体験したり、苦悩したりしていることは、同時に永遠に向かって創造し、体験し、苦悩しているのです[50]。

時間内の出来事は、生起する出来事に応じて人間の無意識の精神性に呼びかけ、語りかけ、「意味」の根源へと招こうとする。有限的な時間において出会われる日常の出来事は、超越からの呼びかけに応答する程度に応じて、有限性を超えて「無限なもの」「永遠なもの」を指し示しつつ、それと交差する。かくして時間的なもの、有限的なもの、日常的なものは「永遠なもの」に見《まみ》え、再び現実に立ち返りつつ日常を聖化するのである。

あらゆる時間論は、人間がどこから来てどこに向かっていくのか、そして人間の生が最終的には死という無に帰着する限り、われわれの生の意味や意義は一体どこにあるのかという宗教的問いと結びつく。フランクルが確信するように苦悩に意義があるならば、例えばアウシュビィッツのような強制収容所で抹殺された無辜の数多の命、戦争や犯罪や災害などで不条理にも奪われた生、苦悩の果てに自裁を選び人生が断ち切られた者に対しては、どのように理解すればよいのかという難題が提起されるだろう。

これに対してフランクルは、過去は既に過ぎ去った現在であり、未来は未だ来たっていない現在であると見なすアウグスティヌス－フッサール的な「現在」という内的時間意識から展開される時間論とは異なり、「過去存在（Gewesensein）」に重きを置いた時間論[51]を展開する。生起する「現在」の出来事という課題に対し、各瞬間に多くの可能性を含む中から一つを選択して応答し、実現することでそれを「過去」の領域に送り込むとき、「現在」は「過去という存在へ救われた現実[52]」となる。

なるほど現在という時間は、時間的には過ぎ去ったかもしれない。しかしながら、過ぎ去ってしまったからこそ、その「現実」は「過去」のうちに「留まっている」。いかなる創造も体験もそして苦悩も、決してなかったことにはできない。「生起（geschehen）」した出来事は「歴史（Geschichte）」となり、一人の人間が生きた「物語（Geschichte）」は何人も抹消することのできない「創造的な業績」として、いかなる力によっても奪い去られず、「保存」されるのである。こうして過ぎ去った「現在」は「過去」の中へと送り込まれ、時間の介入からも救い出されて「永遠」へと止揚される[53]。死でもって終わる有限的存在である人間の生は、「意味」を取り去るものではなく、「意味」を与えるものとして保証されるのである。

ここで、先に引用した収容所から解放後のフランクルが友人に宛てた手紙を想い起こそう。「可能性を実現したとは、現実のものとすることで可能性を「救い出した」ということです」という言葉のすぐ後に、実はフランクルは次のように続けている。

このことは、ティリーとの短い結婚生活に当てはまります。僕らが経験したことは、後戻りさせてなかったことにはできません。それは存在したのです。でもこの、「過去に存在したということ（Gewesensein）」は、おそらく存在の中でもいちばん確実な形なのです。[54]

『夜と霧』には、凍てつく冬の朝、強制労働の最中に妻ティリーの幻影が無限の愛をもってフランクルの眼前に現れ、死に瀕した危機的状況の中で限りない浄福と救いを与えられた瞬間のことが描かれている。[55] フランクルが「態度価値」という「苦悩の意味」について積極的に述べるのは、「人間の詩と思想とそして――信仰とが表現すべき究極の極み」である「愛による、愛の中の被造物の救い」を体験したこの瞬間の後であることに注意すべきであろう。過酷な日常の中で「聖なる永遠の瞬間」として立ち現れたこの出来事は、たとえ移ろう時間の中に過ぎ去ったとしても「過去に確実に存在」したのであり、それは時に記憶や想起の中で「今」において甦り、不壊なるものとして現在という時間を聖なるものにさえなしうるのである。

おわりに

ただし、精神科医としてのフランクルは精神／心理療法の目的は「心の治療」であるのに対して、宗教の目的は「魂の救済」であると見なし、[56] ロゴセラピー（精神医学）と信仰（宗教）の次元を区別して相互の領域に一線を画した。精神／心理療法は患者の信仰の有無、医師の世界観や宗教観の如何を問わず、適用されうるものでなければならないからである。「何の前での誰に対しての責任か」という問いについては、医師の立場としては価値中立的に、患者の自由な選択に委ねる必要がある。それゆえ、精神／心理療法は「啓示宗教に対する信仰の手前」で行われねばならず、「意味」への問いに対しては、「有神論的な世界観と無神論的な世界観との分岐点の手前」で答えねばならないという姿勢を保持した[57]。精神医学の理論と実践を最も体系的に論じた一九五六年刊行の『神経症の理論と治療』では、如上の点についての注意が喚起されている[58]。また『医師による魂の配慮』では、改稿と版を重ねるに及んで、精神医学と宗教の関係が相当量、加筆された跡が窺える。

とはいえ、愛されうるものは、愛することよりも先に存在するように、「存在の意味」についての問いに答えようとする試みには、常に「意味の存在」が既に前提とされている。ゆえに、意味への信仰とは「超越論的カテゴリー」であるとフランクルは断言する[59]。人間の「意味への意志」を「包括的な意味信仰」として解釈するならば、宗教の次元が関わってくるのは正当であろう。宗教の次元は精神／心理療法の次元よりも高次にあって、それを包摂する。精神／心理療法が結果的に意図せずして患者を信仰に至らせることがあったとしたら、患者に生じたのは「恩寵」であると、フランクルは述べる[60]。

強制収容所から生還して間もない一九四六、七年頃の講演や文章には、「時間と責任」に鮮明に見られるように「神」という言葉が直截に用いられている。フランクルは強制収容所からの生還後、多忙な日常生活の中でも起床後の祈りを五〇年以上にわたって毎日欠かすことがなかった。強制収容所でフランクルの手に抱かれて餓死した父親が遺した聖句箱を、講演で海外に出かける時でさえ常に携え、ユダヤ教の祈りと詩編を日々唱えたという。教皇パウロ六世と謁見した際に、フランクルはこう語った。「神の恩寵を受けて生き抜いた人間は、来る日も来る日も、自分はその恩寵に値するのか自問せずにはいられません。そして、仮にたとえ値するにしても、それは自分の中の一部でしかないと日々認めざるを得ないのです[61]」。

「夜と霧」を超えて人生を共に歩んだ二番目の妻でカトリックの信者であったエリーは、フランクルの亡き後、彼が遺した書物『苦悩する人間』に彼女宛ての献辞を発見する。そこには「あなたは、苦悩する人間を愛する人間に変えてくれました(62)」と書かれてあった。これらのエピソードは、強制収容所を生き延び、さらに新たな生きる意味を自己の使命を通して日常の中に見出していったフランクルの信仰者としての姿を物語るものと言えよう。

註

（1）Viktor E. Frankl, *Ein Psycholog erlebt das Konzentrationslager: Österreichische Dokuments zur Zeitgeschichte 1*, Wien, 1946-47. 邦訳『夜と霧――ドイツ強制収容所の体験記録』霜山徳爾訳、みすず書房、初版一九五六年。その後、フランクル自身によって新版 *...trotzdem Ja zum Leben sagen: Ein Psychologe erlebt das Konzentrationslager*, München, 1977.（邦訳『夜と霧』〔新版〕池田香代子訳、みすず書房、二〇〇二年）が出版された（以下、TPK と略記）。本稿での引用は旧版、霜山徳爾訳、みすず書房、一九六一年に基づく。以下、訳書の引用は一部を除いて既訳を用い、邦題とページ数のみを記す。

（2）ウィーンのフランクル研究所所長 Alexander Batthyány によれば、フランクルは生涯に三二の著作を出版し、三一か国語に翻訳されている。『ある心理学者の強制収容所体験』は、一九五九年の英訳出版以降（英訳題名は一九六三年以降『人間の意味探求』）、世界で一千万部以上販売されたという。Viktor E. Frankl, *The Feeling of Meaninglessness: a Challenge to Psychotherapy and Philosophy*, ed. Alexander Batthyány, 1992. の序文より。邦訳、アレクサンダー・バッチャニー「ヴィクトール・E・フランクルの生涯とロゴセラピーおよび実存分析の発展」、『虚無感について――心理学と哲学への挑戦』広岡義之訳、青土社、二〇一五年、四三―四四頁。なお、日本におけるフランクル受容については、河原理子著『フランクル『夜と霧』への旅』平凡社、二〇一二年を参照のこと。

（３）霜山は、ボン大学留学時代の一九五二、三年頃に書店で購入した粗末な装丁の『ある心理学者の強制収容所体験』を読み、非常な感銘を受けた。その後、ウィーンにフランクルを訪ね、実存分析のレクチャーを受けた。外来診療の場に陪席した際には、フランクルの臨床の腕前に感嘆したという。霜山とフランクルの出会いおよびその親交については、霜山徳爾「フランクルと私」、『時のしるし　霜山徳爾著作集七』学樹書院、二〇〇一年、二五一―二七頁。また、畑島喜久生『霜山徳爾の世界　ある心理学者にかんする私的考察』学樹書院、二〇〇六年、七五―七七頁。

（４）例えば、近年のフランクル著作の翻訳・完訳・新装版としては以下のとおり。Ｖ・Ｅ・フランクル『人間とは何か――実存的精神療法』山田邦男監訳、岡本哲雄・雨宮徹・今井伸和訳、春秋社、二〇一一年。『生きがい喪失の悩み』中村友太郎訳、講談社学術文庫、二〇一四年。『虚無感について――心理学と哲学への挑戦』広岡義之訳、青土社、二〇一五年。『ロゴセラピーのエッセンス――18の基本概念』赤坂桃子訳、新教出版社、二〇一六年。『神経症――その理論と治療』宮本忠雄・小田晋・霜山徳爾訳、みすず書房、二〇一六年新装版。『もうひとつの〈夜と霧〉――ビルケンヴァルトの共時空間』諸富祥彦・広岡義之・林嵜伸二訳、ミネルヴァ書房、二〇一七年。アレクサンダー・バティアーニ編『夜と霧の明け渡る日に――未発表書簡、草稿、講演』赤坂桃子訳、新教出版社、二〇一九年。対談集の翻訳として、ヴィクトール・フランクル、ピンハス・ラピーデ『人生の意味と神――信仰をめぐる対話』芝田豊彦・広岡義之訳、新教出版社、二〇一四年。一般向けのフランクル論として河原前掲書のほか、『現代思想 imago ヴィクトール・Ｅ・フランクル総特集』青土社、二〇一三年など。なお、フランクル思想を手がかりとした宗教教育に関する研究書として、加藤美紀『〈生きる意味〉の教育――スピリチュアリティを育むカトリック学校』教友社、二〇二〇年が特筆される。

（５）Viktor E. Frankl, *Ärztliche Seelsorge*, Wien, 1946, 1947. 邦訳『死と愛――実存分析入門』霜山徳爾訳、みすず書房、一九五七年初版、一九九二年新装第九刷。Viktor E. Frankl, *Ärztliche Seelsorge: Grundlagen der Logotherapie und Existenzanalyse*, Wien 2005. 以下、ÄS と略記。邦訳『人間とは何か』山田邦男監訳、岡本哲夫・雨宮徹・今井伸和訳、春秋社、二〇一一年。『医師による魂の配慮』は一九四六年に出版されて以降、フランクルの最晩年に至るまで数度にわたって改稿が続けられ、内容的にも変化し分量的にはほぼ二倍となった。霜山訳は一九五二年刊行の第六版に、山田監訳は第一一版に基づいている。このようにフランクルの著作には改稿が少なくなく、版によっては収録作品も異なる。それゆえ邦訳も異なる版に基づく複数の訳書があるため、引用に際しては出典表記や原著との照合に迷うものがあるが、本稿では必要に応じて使い分ける。

(6) ÄS, S. 311.

(7) Viktor E. Frankl, *Der unbewusste Gott / Logos und Existenz: drei Vorträge*, Wien, 1948/1951. 邦訳『識られざる神』佐野利勝・木村敏訳、みすず書房、二〇〇二年、八〇頁。*Der unbewusste Gott: Psychotherapie und Religion*, München 1988, S. 47. 以下、UG と略記。

(8) Haddon Klingberg, Jr., *When Life Calls Out to Us: The Love and Lifework of Viktor and Elly Frankl*, New York, 2001. 邦訳ハドン・クリングバーグ・ジュニア『人生があなたを待っている――〈夜と霧〉を超えて1・2』赤坂桃子訳、みすず書房、二〇〇六年。フランクルのもとで研修医として過ごしたアメリカ人の著者が、晩年のフランクル夫妻のもとを訪れて、七年間にわたって行ったインタビューをもとにしている。

(9) Viktor E. Frankl & Pinchas Lapide, *Gottsuche und Sinnfrage*, München 2005. 邦訳は前掲『人生の意味と神――信仰をめぐる対話』。

(10) Viktor E. Frankl, *Es Kommt der Tag, da bist du Frei: Unveröffentliche Briefe, Texte und Reden*, Alexander Batthyány ed., München 2015. 邦訳は前掲『夜と霧の明け渡る日に――未発表書簡、草稿、講演』。

(11) ÄS, S. 28. フロイトの精神分析は、快楽原理に基づく衝動的無意識に立脚するが、これは「快楽への意志」という生理的欲求を重視しており、フランクルによれば「生理学主義」の立場である。一方、アドラーの個人心理学は、自己を他者と比較することから生じる優劣の感情と他者に優越しようとする権勢欲に立脚しており、これは「権力への意志」という社会的欲求を重視している。V・E・フランクル『それでも人生にイエスと言う』山田邦男・松田美佳訳、春秋社、一九九三年、山田邦男による解説一七四―一八二頁を参照。

(12) ÄS, S. 29.「人間存在の根源的基盤へと全くとらわれのない省察の目を向けるならば、正に意識性と責任性こそ実存の二つの根本的事実をなすものであることが明らかになるのである。この根本的事実を人間学的な基本形式で述べれば、人間存在は意識性存在と責任性存在を意味すると言えよう」（前掲『死と愛』六頁）。

（13）Viktor Emil Frankl, *Theorie und Therapie der Neurosen*, Wien, 1956. フランクル「神経症Ⅱ」、前掲『神経症——その理論と治療』一〇頁。

（14）フランクルが「ロゴセラピーおよび実存分析」という二つの語を併用した一つの理由は、「実存分析（Existenzanalyse）」という語は、英訳された場合に“existential analysis”の語が当てられ、これはルードヴィッヒ・ビンズワンガー（Ludwig Binswanger 一八八一—一九六六年）の「現存在分析 Daseinanalyse」という語の英訳と同一の単語になってしまうためであったとされる。前掲『虚無感について——心理学と哲学への挑戦』一六二頁。

（15）Psychotherapie の訳語としては、本稿では必要に応じて「精神／心理療法」と併記する。ただし、フランクルは心（Seele または Psyche）と精神（Geist または Noesis）を使い分けている（「神経症Ⅰ」、前掲『神経症——その理論と治療』二三八頁の訳者解説を参照）。「精神」を意味するドイツ語 Geist には、「霊」の意味もあり、フランクルの言う「精神的なもの」の次元には、超越との関わりが含まれている。加藤、前掲書、二五、四八頁。

（16）ÄS, S. 35, 41. 前掲『人間とは何か』三三—四一頁。『苦悩の存在論』においては、「精神的なものから」の療法をロゴセラピー、「精神的なものへ向かって」の療法を実存分析と二段階に分けて説明されている。

（17）Viktor E Frankl, Der unbedingte Mensch: Metaklinische Vorlesungen, in *Der leidende Mensch, Anthropologische Grundlagen der Psychotherapie*, Zweite erweiterte Auflage, Verlag Hans Huber Bern, 1984, S. 79. 以下、LM と略記。邦訳『制約されざる人間』山田邦男監訳、春秋社、二〇〇〇年、三六—三七頁。

（18）ÄS, S. 52-53. 前掲『人間とは何か』五五—五八頁。LM, S. 79. 前掲『制約されざる人間』一五五—一五八頁。前掲「神経症Ⅱ」、『神経症』八一—九二頁。

（19）前掲「神経症Ⅱ」、『神経症』九七頁。

（20）UG, S. 39. 前掲『識られざる神』六一頁。「〜からの自由」という消極的自由と「〜に向かっての／への自由」という積極的自由の区別は、フロイト左派に属し、ユダヤ教徒の家系の出であった社会心理学者エーリッヒ・フロム（Erich Fromm 一九〇〇—八〇年）の『自由からの逃走』（一九四一年）における同様の思想を連想させる。

（21）UG, S. 39. 前掲『識られざる神』六二頁。

（22）Viktor E. Frankl, *Der Wille zum Sinn*, 7., unveränderte Auflage, München, 2016, S. 82, 152. 以下、WSと略記。フランクル「ロゴスと実存」、邦訳『意味への意志』山田邦男監訳、二〇〇二年、一四九、一五二頁。「実存分析は、定義的に言えば、責任があることを意識する存在（ein Bewusst-sein des Verantwortung-habens）を目指しています。責任があるのは、人間が有限だからです。この人間の有限性は、とりわけ実存の時間性のうちに与えられています。有限性は、何よりもまず、人間が死すべき存在であることとして立ち現れてきます。しかし、われわれはまさにこの可死性こそ、そもそも人間の責任を根拠づけるものであることを知っています。……私たちの現存在が時間的に有限であるという事実に直面することによってのみ、……人間の責任を最大限に充たすように呼びかけることが可能なのです」（『意味への意志』一五二頁）。フランクルの哲学的基盤については、菅井保「フランクルの精神医学的人間学――実存分析」、『シェーラーからフランクルへ――哲学的人間学と生命の教育学』春風社、二〇一二年、七〇―八〇頁。

（23）WS, S. 83.「ロゴスと実存」、前掲『意味への意志』一五一―一五二頁。

（24）ÄS, S. 66. 前掲『人間とは何か』七九頁。

（25）Viktor E. Frankl, Zur geistigen Problematik der Psychotherapie, *Zentralblatt für Psychotherapie* 10, S. 33-75. Alexander Batthyány, 前掲論文、三三―三四頁。

（26）Klingberg, Jr., *op. cit.*, pp. 101-102. 前掲『人生があなたを待っている1』一六二―一六三頁。

（27）Klingberg, Jr., *op. cit.*, pp. 132-133. 前掲『人生があなたを待っている1』二〇六―二〇七頁。

（28）*Ibid.*, p.152. 前掲『人生があなたを待っている1』二三四頁。

（29）前掲『夜と霧の明け渡る日に――未発表草稿、草稿、講演』五八頁。

（30）同五七―五八頁。

（31）TPK, S. 125. 前掲『夜と霧』一八三頁。

（32）同右。

（33）ÄS, S. 107. 前掲『人間とは何か』一三一頁。

（34）TPK, S. 109. 前掲『夜と霧』一六七―一六八頁。

（35）三つの価値についての最初期の説明は ÄS, S. 92-93.「創造ないし活動の中に実現化される「創造的価値」と呼ばれるべき価値のほかに、さらに体験の中に実現化されるような「体験価値」が存在する。世界の受容に際して、たとえば自然や芸術の美への帰依においてそれは実現化されるのである。それが、人間の生命に与えうる豊かな意味は、過小評価されてはならない。……ちょうど山脈の高さが谷のところの高さで言われるのではなく、もっぱら最高峰の高さにおいて測られるように、人生においてもその意味性に関しては最高点が決定的なのであり、そして僅かの一瞬が後から考えれば全生涯に意味を与えるということもありうるのである。……しかしわれわれの見解によれば、可能な価値の第三カテゴリーがさらに存するのである。なぜならば生命は、たとえ創造的に実り豊かでもなく、また体験において豊かでなくても、根本的にはなお有意味でありうるからである。すなわち、人間が彼の生命の制限に対していかなる態度をとるかということの中に実現されるような、第三の重要な価値群が存するのである。その価値の狭隘化に対して、人間がいかなる態度をとるかというまさにそのことの中に、新しい独自な価値の領域が開かれるのであり、それは確実に最高の価値にすら属するのである。……この価値をわれわれは、「態度価値」と呼びたいと思う。なぜならば人間が変えることのできない運命に対して、いかなる態度をとるか、ということがこの場合問題だからである。したがって、態度価値を実現化する可能性は、一人の人間が運命に対して、それを受け取るよりほか仕方がないような場面において生じるのである。すなわち、いかに彼がそれに耐え、いかに彼がそれをいわば彼の十字架として自ら担うか、ということが問題なのである」（前掲『死と愛』五二―五三頁、なお一部表記等を改めた箇所がある）。

（36）桑原直己「Ｖ・フランクルのロゴテラピー」、『生きる意味――キリスト教への問いかけ』清水正之・鶴岡賀雄・桑原直己・釘宮明美編、オリエンス宗教研究所、二〇一七年、二二九頁。

（37）ÄS, S. 105-106. 前掲『死と愛』六六頁。「状況価値」についてはマックス・シェーラー『倫理学における形式主義と実質的価値倫理学』（シェーラー著作集、吉沢伝三郎訳、白水社、二〇〇二年）参照。

（38）UG, S. 40. 前掲『識られざる神』六三―六四頁。

（39）UG, S. 41. 前掲『識られざる神』六五頁。一部、訳文を改めた箇所がある。

（40）ÄS, S. 339. フランクル「人格についての十命題」（改訂版）一〇、前掲『人間とは何か』四五一頁。

(41) フランクル「人格についての十題」一〇、前掲『識られざる神』一七五頁。
(42) UG, S. 41-42. 前掲『識られざる神』六七頁。
(43) UG, S. 44. 前掲『識られざる神』七三頁。
(44) UG, S. 47. 前掲『識られざる神』八〇頁。
(45) ÄS, S. 105. 前掲『人間とは何か』一二九頁。
(46) 同右。
(47) WS, S. 53-62.「時間と責任」より宗教的人間の実存分析、前掲『意味への意志』八九―一〇七頁。「時間と責任」は一九四七年二月一九日にインスブルックで行われた五回の連続講演で、亡き兄に捧げられている。なお、クラウス・リーゼンフーバー「意味への問い」、『キリストの現存の経験　クラウス・リーゼンフーバー小著作集Ⅵ』釘宮明美編、知泉書館、二〇二一年、二二九頁以下を参照のこと。
(48) WS, S. 56-57.「時間と責任」、前掲『意味への意志』九六―九七頁。
(49)「今」を基盤とした時間・存在論ならびに人間・存在論の一つとしてクラウス・リーゼンフーバー「補遺二　最終講義「時間です！」」、『自己の解明　根源への問いと坐禅による実践――クラウス・リーゼンフーバー小著作集Ⅴ』釘宮明美編、知泉書館、二〇一五年、三九九頁以下を参照のこと。
(50) フランクル『それでも人生にイエスと言う』山田邦男・松田美佳訳、春秋社、一九九三年、一五八頁。
(51) フランクルの時間論が特にまとまって展開されているのは、WS, S. 41-48.「時間と責任」、前掲『意味への意志』六五―八〇頁、「現存在の移ろいやすさ」の部分である。他に、ÄS, S. 133-134. 前掲『死と愛』九二頁、『人間とは何か』九〇―九一、一六五頁や、UM, S. 136.「死の運命の問題」、前掲『制約されざる人間』一九三頁など。
(52) ÄS, S. 133-134. 前掲『人間とは何か』一六五頁。「うつろい易いものはただ可能性だけであり、うつろい易さから守られているものは、過去のうちに取り入れられているものであり、過去という存在へ救われた現実なのである。現在が蔵する可能性を、過去の中に「永遠」に蔵される現実の中に移すことが成功すれば、瞬間は永遠になるのである。これが、あらゆる実現化されたものの意味である」（前掲『死と愛』九三頁）。
(53) WS, S. 46. フランクルは自らの時間観を砂時計の譬えを用いて説明している。「現在というくびれ、すなわち、未来という無から過去という（永遠の）存在へと通じているこの狭き場所は、無と存在との間の境界面であると同時に、永遠性の境界面でもあります。……この永遠性は、境界づけられたものとして、実際には有限な永遠性であるということです。この永遠性はそのつど、ただ現在に届くにすぎません。われわれはこの現在において、永遠性への入場許可が与えられるものを決断するのです。それゆえ、この永遠性の境界面、未来の無と過去の存在とこの境界面は、同時に、われわれによってもたらされたものとしておのずから永遠化されるものを、そのつどの瞬間に決断する場所でもあるのです」（『時間と責任』、前掲『意味への意志』七五頁）。

（54）注30を参照のこと。この手紙から一年五か月後の一九四七年二月一九日にインスブルックで行われた連続講演「時間と責任」の中で、フランクルは「夫と死別し、たった一年間しか幸せな生活を送れなかったある戦争未亡人」を架空の譬えとしてあげている（WS, S. 44.）。彼女が全く幸福な一年間を「成就した」こと、この一年間を過去存在の中に救い入れ、それが「永遠」に護られ、何人も彼女が体験した事実を奪い取ることはできないことを自らの時間論の証拠に引くのである。しかし、この手紙文を読めば、「彼女」のほうが実はフランクル自身であることは明らかであろう。フランクルと最初の妻ティリーの結婚生活は、わずか二年目にして強制収容所移送によって終わる。二人は離れ離れとなりティリーは、ベルゲン＝ベルゼン強制収容所から解放後に亡くなってしまう。

（55）TPK, S. 64-66. 前掲『夜と霧』一二三―一二四頁。

（56）ÄS, S. 209. 前掲『人間とは何か』三五八頁。「神経症Ⅰ」、前掲『神経症』四四頁。

（57）ÄS, S. 296. 前掲『人間とは何か』三八八頁。

（58）「神経症Ⅰ」、前掲『神経症』四四―四八頁。

（59）ÄS, S. 296-297. 前掲『人間とは何か』三八八―三八九頁。

（60）注58に同じ。

（61）Klingberg, Jr., *op. cit.*, pp. 296-297. 前掲『人生があなたを待っている2』四五〇頁。

（62）*Ibid.*, p. 335. 前掲『人生があなたを待っている2』五一〇頁。

第9章　カール・ラーナー『世界の中の精神』における日常の中の超越と「日常の中の聖性」

上田　圭委子

はじめに

イエズス会の創始者イグナチオ・デ・ロヨラは、彼の書物である『霊操』第四週の「愛に達するための観想」のための「要点」の中で、「神がどのように被造物のうちに住んでおられるかを注意深く見る。存在を与えながら、無生物のうちに住まい、生長作用を与えながら、植物のなかに住まい、感覚作用を与えながら、動物のうちに住まい、思惟作用を与えながら、人間のうちに住んでおられる。従って、私を存在させ、生かし、感じさせ、考えさせながら、私のうちに神が住んでおられる」と記していた(1)。

イエズス会士で、二〇世紀を代表するカトリック神学者のひとりであったカール・ラーナー(2)は、自らの八十歳の誕生日の講演「一カトリック神学者の経験」の中で、「私の所属する修道会の偉大な創立者ロヨラのイグナチオは、その精神と固有の霊性の一片を私の神学の中に認めてくれると思う」と述べている(3)。そのイグナチオの精神と固有の霊性の一片は、本稿で主題的に扱う、彼のトマス・アクィナスについての哲学論文『世界の中の精神』のうちにも、認められるように思う。ラーナーが、『世界の中の精神』を通して考察している内容は、イグナチオの『霊操』に見られるような、「私を存在させ、生かし、感じさせ、考えさせながら」、「わたしのうちに住んでおられる」「神」の愛の働きへの観想に通じるものであり、その意味で本書全体のテーマである「日常の中の聖性」についての示唆を与えてくれるものであると考えられるのである。

『世界の中の精神[4]（*Geist in Welt*）』（一九三九年）は、トマス・アクィナスの認識の形而上学を、カント、ヘーゲル、ハイデガーの思想との対決を通して解釈した哲学論文であり[5]、ラーナーが、その修行時代にハイデガーのもとで哲学を学んでいた時期に執筆したものである。そこでは、日常のなにげない認識の中にある存在と人間とのかかわりが、トマスの形而上学を超越論的に解釈する中で、精緻に分析・考察されている。

「存在するもの（存在者）」と、「存在」とを区別し、あくまでも存在そのものを問おうとするハイデガーの存在の思索は、一九三〇年代以降のトマス研究に対してひとつの衝撃を与えるものであった[6]。ハイデガーによる存在への問いを契機として、あらためて中世哲学の研究者のあいだでも、トマスにおける存在者（ens）と存在（esse）との区別が問題化され、トマスのエッセ（存在）概念の研究が進展し、やがて「トマス哲学の根本概念はエッセ（存在）」であることが広く認められるようになっていったのである[7]。そして、そのようなエッセの発見と共に、エンス（存在者）やエッセンチア（本質）と区別されるエッセは、「いつ、どこで、どのようにして」私たちの知性に知られるのかという新たな問題が生じた。ラーナーの研究も、こうした問題意識の中から成立してきたものと考えられる[8]。そしてこの問題意識は、トマスが「存在（エッセ）そのもの」を「神」とも呼んでいることを鑑みるとき[9]、「私たちは、いつ、どこで、どのようにして、目には見えない、感覚ではとらえられない、存在そのものたる神を知ることができるのか」という問いへとつながってゆくものと言えるのである。

以上を踏まえた上で、私たちは、『世界の中の精神』の内容へと目を向けることとしたい。

一　『世界の中の精神』とはどのような内容を持った書物なのか

本文の内容を見る前に、まず、『世界の中の精神』という表題の意味するところについて、ラーナーの語っている内容を見ておこう。

ラーナーは、『世界の中の精神』における「精神」とは、「世界を乗り越えつつ、自然（フュシス）を越えたものを認識する能力」であり、「世界」とは、「人間の直接的な経験にとって接近可能な現実性」を意味しているとする(14)。この題名のうちに、ラーナーがトマスの認識の形而上学をどのように捉えようとしているのかが、すでに暗示されていると言える。ラーナーのトマスの認識論の解釈の出発点は、世界の中にあって認識を行う人間であるが、その人間は、「精神（Geist）」として捉えられている。それは、世界のもとにありつつも、それ自体非物体的・霊的なものなのであり、そうした精神がどのようにして、質料的・感性的な世界の事物を認識しているのか、そしてその中で非感性的なものである自ら自身や神をどのように認識しうるのかが、問題となるのである。

『世界の中の精神』の本文は、三部から構成されている。第一部ではトマスの『神学大全』第一部第八十四問第七項の「導入的学的解釈」がなされている。続く第二部は、「世界の中の精神：表象像へと向かうこと（Die conversio ad phantasma）」という表題を持ち、四章から成っている。そして最終部の第三部には、「表象力の基盤の上に立つ形而上学の可能性」という表題が付されている。以下、その概要を見ることにしたい。

①『世界の中の精神』第一部における『神学大全』第一部第八十四問第七項の導入的学的解釈

ラーナーは、『世界の中の精神』第一部の冒頭で、トマスの『神学大全』第一部八十四問第七項を、その内容に応じて区切り、それぞれに見出しを付けて全文をラテン語原文とドイツ語訳とで引用している。『神学大全』第一部で問題とされているのは知性認識であり、特に八十四問から八十六問は認識の形而上学の中心部分である。

第一部八十四問第七項で問われているのは、「知性は、表象像へと自らを向けることなしに自らのもとに持っている可知的な形象を通して或るものを現実的に認識できるか」という問いである。(10)

この問いに対するトマスの回答は、「私たちの知性は、知性が引き受けている身体性とひとつになっているこの生の状態においては、何かあるものを、表象像へと向き直ることなしに現実的に認識することはできない」(19―20)というものである。

トマスは、このことのしるしとして、二つのことを挙げている。ひとつは、人間には、脳の機能不全による精神疾患や高齢化による衰えなどの身体器官の不具合によって、本来持っている知性を十分に働かせることができなくなる場合があることであり、このことから、「知性の現実的な働きのため」には、身体の器官の使用による「表象力（構想力）とその他の（感性的な）作用の諸力の成果が必要」と考えられるのである。また、ふたつめのしるしは、人間は何かを理解しようとするときには、思考を助ける直観を得るために、範例という形で表象像を形作るということである（20―21）。

トマスはさらに「身体性のうちで現実存在している（実存している）人間の知性に固有にふさわしい対象」は、「物体（世界の事物）の何性あるいは本性」であり、「何らかの質料的な事物の本性が、完全にまた真に認識されうるのは、その本性が個々の事物のうちに現実存在しているものとして認識される限りにおいてである」とし、人間の知性は「非感性的な事物の認識に向かって」個々の事物から何性を「つかみ出す」のだと説明している（21）。

このようにトマスによれば私たち人間の直観は、「個々の事物」を、「外的な感性を通して、また表象力（構想力）を通して把握」するようにできていると考えられている。また私たちの人間の知性は、「普遍的な本質を個々の事物の中に現実存在しているものとして直観する」のであり、人間は「知性にふさわしく適合する対象の現実存在の認識のために、自らを表象像へと向けなければならない」とされるのである(22)。

またトマスは、こうした見解への異論のひとつとして、「私たちの知性は、もし諸表象像へと自らを向けることによってのみ何かあるものを現実的に認識するのだとすると、知性は何らかの非物体的なもの(非世界的なもの)を認識することはできないということになってしまうだろう。しかしながらこれは明らかに誤りである。私たちは、真理それ自体や、神や天使をも認識する」(19)という議論を取り上げる。これに対するトマスの回答は、「非物体的なもの(非世界的なもの)は、それについて何らの表象像が存在しないのであるが、そうしたものを私たちは、それについての表象像が存在するところの感性的な物質の世界への関係を通して認識する。したがって私たちは、真理とは何であるのかを、それに関して私たちが真理を捉えるところの事象の観察に基づいて認識する。しかしながら、ディオニシオスによれば、私たちは、神を、原因として認識し、超出(excessus)することによってと同様に、否定しつつ分離することによって認識する。そしてまた他の非物体的な(非世界的な)実体を、私たちは、私たちの現世の状態においては、除去・否定によってか、あるいは、物質世界への関係によってか以外には認識しない。したがって、私たちは、何かあるもの(世界的ではないもの)を認識しようと欲するならば、そのあるもの自体について等しい表象像が存在しないときには、物体世界の表象像に向かなくてはならない」(23)というものである。ラーナーは、以上のような第八十四問第七項におけるトマスの議論を解釈することを通じて、トマスの認識の形而上学に対する解釈の導入としているのである。

ラーナーは、『神学大全』における人間への問いは、「被造的な存在(Kreatülichen Sein)」への問いの一環として問われており、「そのため、人間とは何かという問いは、まずは《魂 Seele》の本質をめがけている。この問いはしたがって、何を人間が自らについて知っているのか、あるいは知っていると思っているのか、ということの多重性から出発して、そこから、知られている人間的な意味と基準が与えられるところの根拠へとさかのぼるのではない。そうではなくて、絶対的なものが、人間のそばで、人間の《能力》と《働き》の展開を、その根拠から共に遂行するために人間を限界づけているそのところで開始される」のであり、「その際、《魂》は、人間の本質根拠として、究極的には、神学的な生起のための場、啓示によって呼びかけられうる場である限りにおいてのみ考察される」のだとする[11]（24参照）。ラーナーは、トマス解釈において、人間の存在、或いは人間の魂を、つねにその存在を与え、またその能力も働きもすべてを与えつつ、つねにそばで共に働いている絶対的な存在そのものである神との関係において見ようとしているのである。

とはいえ、トマスは、先述のように、この世に生を享けている限りの人間は、「表象像へと向き直ることなしに、現実的に認識することができない」と見ている。そこで、有限な人間にとっての、神や魂といった感性では捉えられないものの認識としての形而上学の可能性の「いかに」がここで問題となる。ラーナーは、トマスの「表象力の基盤の上の形而上学の可能性への問い」を、「人間的な表象力、人間的な世界経験自体の条件としての直観的ではない超出（nichtintuitiven excessus）の意味への問い」（50）として解釈してゆくことになる。

②『世界の中の精神』第二部の概要

『世界の中の精神』第二部は、四章からなる。第一章「基盤」では、形而上学の出発点は、存在を「問いつつある人間」であり、「この人間は、すでに全体としての存在のもとにある」（56）とされる。人間の認識は、ラーナーのトマス解釈によれば、「知りつつ世界のもとにあること」という形でのみ成立するのであり、その際、有限な人間の認識にとって、存在との関係がどのようなものとして捉えられているのかが、解明されることになる。

ラーナーによれば、トマスにとって特徴的な見方は、「存在とは認識されうること」（61）であるという見方である。このことは、二つの異なる意味を含んでいるとされる。ひとつは「存在と認識の根源的な統一性」であり、いまひとつは「存在とは何を意味するのかということの、本質的な固定し難さ」(61) である。ラーナーは、トマスの認識の形而上学においては、「認識することは、存在の〈もとにあること (Beisichsein)〉」(62) であるとするが、このBeisichseinという語は、ドイツ人にとっては自明の単語であるのか、この書物において、それほど明確に定義されないままに、多様な仕方で、以後、繰返し用いられる (この語の意味するものについては、後で考察する)。

第二章ではトマスの認識の形而上学における「感性」の働きが扱われる。ここで「感性」とは、「必然的に質料的な固有の対象としての他者をこのものとして受け取りつつある認識」(72) であり、人間の認識は、先に見たように感性を通して感性的な対象から可感的形象を受け取ることを抜きにしては、成立しないと考えられるが、ではどのように感性において認識が成り立つための働きが行われていると考えられているのかが、ここで考察されているわけである。

ラーナーは、トマスの認識論における「可感的形象」を対象が自らの存在を与える「対象の自己遂行 (Selbstvollzug)」であるとともに感性がそれを受け取る「感性の自己遂行」でもあると解釈する。ここで自己遂行は、トマスの命題 "Sensus in actu est sensibile in actu" (80) の in actu、すなわち「現実態において」に対応すると考えられる。つまり今、まさに、働きかけたり働きかけられたりという活動を現実に為し、自らの存在の力を発揮している、いやむしろその現実の働きそのものがそれが存在しているということそのものである状態が、自己遂行 (Selbstvollzug) という言葉で表現される事態であると考えられるのである。ラーナーは、こうした自己遂行において働いている、「感性の媒介のうちで感性の対象の自己遂行を感覚的な現実態へと為す」力を、「存在の影響を及ぼす力 (Seinsmächtigkeit)」と呼ぶ (81)。

第三章は「抽象」であり、ここでは、思考する認識が問われる。「抽象」とは、「普遍的な概念」の獲得のことであり、これは判断において遂行されると考えられる。認識の抽象作用に関わるのは、トマスにおいては「能動知性」と呼ばれる知性の働きである。ラーナーは、この能動知性を、「絶対的な存在（エッセ）に向かう予握の能力」(156)と捉え、これを人間における「形而上学の場、すなわちそこにおいて有限的な精神が、自らの精神の開放性と神への依存性に出会うところの場」(173)であると解釈する。

第四章は「表象像へと向かうこと」である。ラーナーは、「表象像へと向かうこと」とは、「感性的な直観」と「知性的な思考」とが、「ひとつになって人間の認識となること」を意味すると解釈する。「表象像へと向かうこと(conversio ad phantasma)」とは、カント的な言葉で言えば、構想力(Einbildungskraft)による「判断における直観と思考との統一」(231)であり、その根底にあるものが、ラーナーに拠れば、能動知性による「存在（エッセ）への予握」としての超出であるとされる。

③『世界の中の精神』第三部の概要

最後の第三部の表題は「表象力という基盤の上の形而上学の可能性」である。[12]

ラーナーは、トマスの認識の形而上学においては、神はそれ自体対象として認識されるのではなく、人間の知性の直接の対象である世界の事物の何性を認識することを可能にしている、存在（エッセ）の予握という、認識の可能性の条件として見出されると考えている。「存在者を認識することのうちで、絶えずいつも共に存在として開示されている根拠こそが、絶対的な存在、すなわち神」(290)であると解されるのである。ラーナーによれば、トマスにおける「形而上学的なもの」は「人間の認識の固有の対象、すなわち世界」の「『原理』としてのみ」(294)捉えられるのであり、「最後に認識されるもの、すなわち神」は、「限界のない予握の広さ」と、「存在一般への欲求のうちでのみ、照らし輝いている」と考えられるのである（299）。

この結論から示されることは、わたしたちのごく普通の日常の認識において、さまざまな存在者の存在と関わるその精神の超越の働きに即して、日常のあらゆる認識というものを可能にしている原理としての神の働きを、常にそこに見て取ることができるのだということであり、これが『世界の中の精神』における超越論的なトマスの認識の形而上学の解釈の立場であると言えるだろう。

私たちは、以下で、ラーナーの見ている、トマスの認識の形而上学解釈において、有限な人間の精神がいかに存在と関わっているかという、その事象そのものの内実を、「もとにあること（Beisichsein）」と「存在（エッセ）の予握（Vorgriff auf esse）」という概念に注目しつつ、さらに見てゆきたい。

二　『世界の中の精神』における精神の超越の運動としての「もとにあること（Beisichsein）」

①ヘーゲルにおける用法

『世界の中の精神』においては、Beisichsein という語が多用されるが、この語は、遡れば、ヘーゲルの哲学において見出されるものである。そこでは、「精神にとって他者であるものは、それ自体他者としてあるものである。それを通してのみ精神は他なるもののうちで自ら自身のもとにあるのである。精神の展開は、外へと出てゆくこと、自らを繰り広げること、そして同時に自らへと還帰することである。この精神の《もとにあること（Beisichsein）》、すなわち、この自ら自身へと到来することは、精神の最高、絶対の目標として言い表されうる」とされていた。[13] おそらくはラーナーも、ヘーゲル哲学において見出されるような、精神（意識）の力動的な「『超越』という構造」[14]をこの語の使用によって、表現しようとしていると考えられる。以下、『世界の中の精神』におけるこの語の用法を見ていくこととする。

②『世界の中の精神』における Beisichsein という概念の多様性とそれを統べるもの

『世界の中の精神』においては、存在と認識に関わる箇所でも、また感性的直観に関わる箇所でも、さまざまな仕方で、この語が用いられている。それらの意味するものを解釈したうえで、こうした多様な表現を統べている Beisichsein の中心的な事象内容を取り出すことを試みたい。

A　存在は、つねに存在者のもとにあるという意味での存在の Beisichsein

ラーナーは、「存在は存在者の Beisichsein である」（65）、「存在は第一義的には Beisichsein である」（66）といったように、存在との関係で Beisichsein を用いることがある。このことは、ラーナーのトマス解釈における「有限な認識の形而上学」の立場に従うなら、存在は、有限な人間の精神にとっては、それ自体が切り離された形で認識されるのではなく、存在者のもとにあり、存在者が現実存在しているというそのことにおいて、共に知られているという事態を表現したものと考えられるだろう。[15]このことは、他の Beisichsein に関わる表現においても、常に基底にあるものと思われる。

B　認識としての存在の Beisichsein

ラーナーは、「認識とは存在が自らのもとにあるということである。(Erkennen ist Beisichsein des Seins)」（31）という言い方もする。これは同時に、二つのことを意味すると思われる。ひとつは、「認識」においては、認識している主体の現実存在が、「認識」のもとにあるということである。実際、ラーナーは、「認識とは認識しつつある者の Beisichsein 自体である」(72) と語っている箇所があることから、このことは確認されうると言えよう。

もうひとつは、認識されている対象の現実存在が、まさに認識のもとにあることである。ラーナーは「存在はそれ自体から (von sich aus) 認識であり、認識されることであり、すなわち存在は Beisichsein である」(63) とする。これは、認識される対象の存在と、その対象の認識との不可分な関係を表わすと解される。現実の認識の成立には、認識する者とされるものの存在が不可欠であるから、両者の存在の Beisichsein が、現実に認識というものを成立せしめていると言われねばならないわけである。

ラーナーは、「Beisichsein としての存在という概念と、存在の Beisichsein としての認識という概念によって初めて、トマス的な認識の形而上学にとって、他者を受け取りつつ認識することの可能性への形而上学的な理解が獲得されうる」(67) としている。このことの意味を明らかにするためにも、さらに認識の成立過程についてのラーナーの解釈を詳しく見てみたい。

C　他者のもとにあることとしての感性の Beisichsein と、知性によるそこからの自己への立ち返りとしての認識

ラーナーは、「感性」とは、「質料の形相 (forma von materia) としての存在 (形相) のもとにあること (Beisichsein)」(83) であり[16]、それは、「他者、すなわち質料のもとに、存在がゆだねられている状態 (それが Beisichsein である) を意味する」(98) としている。この場合も、一方では、直観しつつある者の存在が、感性においては、他者 (質料) のもとへとゆだねられている状態を意味すると共に、他方で、質料における形相としての存在が、認識しつつある

者の感性にゆだねられているという状態を同時に意味しているものと考えられる。この段階だけを切り取ってみれば、直観しつつある者は、自己を見失い、感性において、いわば主客未分の状態において、他者（質料）のもとに自らをゆだねているようにみえる。しかし、認識しつつある者は、知性において、（一方では、受動知性としての働きにおいて他者から形相を受け取りつつ、他方で能動知性としての抽象の働きにおいて形相を質料との結びつきのもとから解き放ちつつ）、自らを感性のもとから引き離しつつ後退し、それによって初めて自己として他者（世界の中の他の存在者）を対‐象（Gegen-stand）として捉え、表象像へと向くこと（conversio ad phantasma）によって認識するという段階が、これに分かち難く結びついているのだと、ラーナーは見ているのである。したがって、ラーナーは、この二つの段階は、「根源的な統一において一つの人間の認識を形成している」（99）と言うのである。

D　トマスにおける reditio completa の表現としての人間の認識の Beisichsein

さて、以上のような内容を持つラーナーの Beisichsein という概念は、トマス自身のテクストとの関係で言えば、「完全な還帰（reditio completa）」という概念に対応するとされる。ラーナーは、これについて例えばトマスの『真理論』第一問第九項主文を指示している。そこでは、「真理が知性によって認識されるのは、知性が自らの働きを認識することによってのみならず、自らの事物への対比を認識することによって、自らの働きに立ち帰ることによってである。……存在者の内で最も完全なものども、例えば知性的な諸実体は、完全な還帰によって自らの本質に立ち帰る（redeunt ad essentiam suam reditione completa）。すなわち、それらは自己の外の何かを認識することにおいて、ある意味で自己の外に出ている。他方、自己の認識の働きを認識することによって、既に自己に立ち帰り始めている。というのも、認識の働きは認識する者と認識されるものとの媒介だからである」とされている。[17]

reditio completa という概念は、周知のように、もともとは、新プラトン主義の流れを汲む書物である『原因論』[18]

の「自己の本質を知る者はすべて、完全な還帰によって、自己の本質へと立ち帰る」[19]という思想に由来する。ラーナーは、「人間の認識は、トマスにとっては、完全な還帰 reditio completa を意味する。しかし本質的にそうだということであって、この自ら自身へと――至ること（zu-sich-selber-kommen）は、他者のほうから――到来すること（von-einem-anderen-herkommen）であり、自らの――もとに――あること（Bei-sich-sein）のそのような仕方に、還帰という像は、最もよく適合する。知性はそれ自身において、振り返られる。そして、自ら自身を知性認識することができるのである」（175）と言う。ラーナーは、既に世界のもとにあり、世界のもとで他者と出会いつつ、そこから何かを受け取りつつ、そうした受け取ることを遂行する自ら自身をも認識する精神の自己還帰の動き全体への洞察を、トマスの認識の形而上学のうちに見て取り、それをハイデガーおよびヘーゲルの見出した精神の超越的な運動に重ね合わせつつ、Beisichsein と表現しているのだと考えられよう。

しかし、このような精神の運動がそもそも可能であるのは、形而上学の出発点である存在を「問いつつある人間」が、「すでに全体としての存在のもとにあること」（56）ということが「基盤」にあるからこそである。人間が「知りつつ世界のもとにあること」は、「全体としての存在」が、なんらかの形で人間に先行的に開示されているということに基づいていると考えられるのである。人間に世界が開示されるためには、世界の存在がそもそも与えられていることと、存在が与えられているということが開示されているということの二つが、当然ながら、必要なのである。ラーナーのトマスの認識の形而上学の解釈においては、この二つのことは啐啄同時の不可分なものと捉えられたうえで、特に存在が開示されているということを認識する可能性と、その際の人間の精神の認識のあり方が、問題とされていると言えよう。この点について、さらに、ラーナーのトマス解釈を見てゆきたい。

三　『世界の中の精神』における存在へと向かう精神の超越としての「存在への予握（Vorgriff auf esse）」

①「存在への予握」における「存在（エッセ）」とは何か

ラーナーは、先にも触れたように、人間を「存在（Sein）を問う者」であり、「人間自身が存在への問いとして実存している」（54）としていた。[20] トマスにおける存在者と存在とは基本的に区別されていると考えられるのだが、ラーナーのトマス解釈に拠れば、人間にとっては、「感性的に与えられた存在するもの（エンス）なしでは、存在（エッセ）とは何を言うのかということについての何の知識も可能ではない」（126）ともされている。トマスにおいて「存在（エッセ）」自体は、人間にとっては「形而上学的な直観（intuition）の対象」ではなく（142）、あくまでも「有限的なレアールなもののうちに」（142）働いているものと考えられているのである。

ラーナーは、トマスにおけるこうした存在（エッセ）概念について、この『世界の中の精神』の主題に関係する限りで、という限定をつけたうえで、Sladeczek らの研究を参照しつつ（Vgl.130, anm. 87）、四つの特徴を挙げて説明している。

まず、一つめに挙げられているのは「判断において捉えられた実在性のそれ自体（Ansich）としての存在（エッセ）」（130）である。端的に、またあらゆる観点において存在（エッセ）に依存していない認識の諸対象でありうるものは存在しないということが、ここで確認される。例えば「この樹は緑である」という判断は、「この樹が現実に存在（エッセ）しているということ」自体が、それ自体（Ansich）として絶対的に措定され得てはじめて、真なる判断として成立しえるわけである。[21]

二つめは、「それ自体（Ansich）のアプリオリな綜合」としての存在（エッセ）についてである。「AはBである」という肯定的綜合判断において主語が、個別的なものであり、述語が、普遍的な何性である場合を考えてみよう。例えば、「これは樹である」という判断をする場合、トマスのエッセの理解においては、目の前にある「このもの」において、普遍的な「樹」の形相、つまりあらゆる樹にあてはまるような無限の豊かさをもつ形相が、質料と結び付けられ、内的に限界づけられて、今、この樹において現実に存在（エッセ）しているのだ、ということになる。したがって、「これは樹である」と判断するために、知性は、「このもの」のうちで一定の質料のもとで限定されて現前している「樹」の形相を、可能的な可知的な形象として受け取り、それを、能動知性の抽象の働きによって、「形相」として質料から切り離しつつ取り出して、「樹」の形相を、知性認識することになる。その際、先に見たように、このものが現実にそれ自体存在している、つまりエッセしているということも、つねにその根底で了解されているのであり、ラーナーの解釈では、「エッセそれ自体」も、能動知性の「抽象する予握（Vorgriff）」のうちで、個物の「現実存在していること」から、やはり共に抽象されうるのだと考えられる。

ラーナーの解釈によれば、トマスのエッセ理解においては「個々の判断において、存在（エッセ）が、主語によって示された判断の対象に分配される（あるいは少なくとも共に肯定される）」（136）のであり、「一つのエッセによって、何性は、唯一の現実的なものの現実的な規定となる」（136）のだとされる。例えば「この樹は緑だ」という判断においては「このもの」それ自体の現実存在としての一つのエッセが、「樹であること」「緑であること」にも分配されて、両者の現実存在を肯定すると共に「このもの」のうちに統一して、ひとつの個体における「何性」としてまとめているがゆえにひとつの現実的な総合判断が可能となっている、ということであると思われる。(22) ラーナーは、「肯定的綜合は、主語と述語の何性がその統一性をもつ限りは、一つの存在（エッセ）を目指して進む」（137）のであり、「一つの存在者がエッセを持つ限りにおいて、諸規定の多性は、たえずすでに遂行された肯定的綜合に先行している綜合へ、すなわち現実的に存在している本質 essentia へと向けて一つになっている」（137）としている。

三つめに挙げられるのはトマスにおける「形相的、超範疇的な一性における普遍的な存在（エッセ）としてのエッセ」である。ここでは、ラーナーは、『神学大全』第一部第八問第一項の主文のうちの「存在（エッセ）は、いかなるものにおいても、そのものの最も内奥に在り、あらゆるもののうちにその最も深いところで内在している（esse est magis intimum cuilibet et quod profundius omnibus inest）」（vgl, 138, anm. 114）に言及している。「あらゆるものにとって、「トマスの存在（エッセ）は、何性（形相）を現実性へともたらすもの」（139）であり、「諸規定の統一の根拠」（140）であり、「それ自体すべての形相の現実態であり、すべての事物の現実態」（140）なのである。あらゆる思考しうる何性の規定を一つに統べている根拠である存在自体（ipsum esse）は、範疇的なものを超えており、「あらゆる考えうる諸規定が、すでにいつも所有されている充満する豊かさ」（140）であり、「すべての範疇的な規定の根拠」（141）であるとラーナーは解説している。

四つめに、限定を受けていない「絶対的な」存在（エッセ）それ自体は、トマスにおいては神を意味するとされる。有限な人間の認識にとっては、この無制約的な絶対的なエッセは認識の第一の「対象」ではなく、予握（Vorgriff）がそこへと目掛けているところのものであり、以下で見るように、能動知性の抽象作用の可能性の条件であるとされるのである。

②「存在（エッセ）への予握（Vorgriff auf esse)」とは何か

さて、こうした感性によって直接には捉えられないが、あらゆる現実的な世界認識を支える「存在（エッセ）」の予握とかかわるとされるのは、トマスの認識の形而上学においては、能動知性である。能動知性とは、「感性における具体的なものから、何性を取り出す能力」（147）すなわち抽象の能力である。この能動知性について、ラーナーは、「トマスにとって能動知性は、本質的に、それが端的な存在（エッセ）を把握するということによって規定される」のだと解釈する（147）。

ラーナーは、トマスにおける「三重の抽象」（147）、すなわち「具体的な、ここにあるものからの普遍的本質の抽象」と、そこで把握された「普遍的本質」についてさらに、「質的なものから量的なものを抽象する」ことと、「端的な存在者にとっての、それも、その存在者の存在が質料の内で具体化されている存在者にだけ附随するのではない超越論的な諸規定の抽象」（149）を挙げ、この三つめの能動知性の抽象の能力は「形而上学的な概念形成の能力」（150）であるとしている。

まず、一つめの段階に即して予握を考えてみよう。個物のうちで質料と結びついている本質あるいは形相を、能動知性が抽象し、形相あるいは普遍的な本質として取り出しうるためには、それに先立って、抽象作用がそこへと目掛ける先としての限定のない普遍的な性質あるいは形相の存在を前提としたうえで、「感性において具体的に捉えられている個物の形相」を、限定された、普遍的なものの現われとして捉えている必要がある。こうした、能動知性の抽象という働きの前提となり、抽象という働きを可能にしている精神の潜在的な「把握」の働きが、ラーナーが「予握 Vorgriff」[23]と呼ぶものなのだと思われる（116 参照）。

この予握が、三つめの場合の抽象に相当すると思われる「存在者が現実に存在（エッセ）しているということ」に向けられた場合を考えてみよう（これは肯定的な綜合判断においては、その現実存在が措定されることを意味するため、すべての判断の根底に在ってその判断内容の真性を支える予握であると考えられる）。ラーナーは、「あらゆる知的に把握された対象（あらゆる具体的な存在者）」が、「限定された存在（エッセ）」として把握されるときには、「存在（エッセ）」は、「思惟の可能的な対象一般の限界づけられていない広さへの予握において把握されている」（161）と考える。このような、あらゆる肯定的な綜合判断を支える現実存在としての無制約的な存在の予握は、能動知性における、「感性的に具体化された存在するもの（エンス）を越える端的な存在（エッセ）」への「超越」によって為されていると考えられるのである（157 参照）。

ラーナーは、予握（Vorgriff）に相当する語は「直接的にはトマスのうちに見出せない」ものの、事象としては、トマスにおける「超出（excessus）」の語が「似たかたちで」「使用」されていると言う（116）。ラーナーは、「私たちの認識が留まっている土台」は「感性」であるにもかかわらず、私たちが「形而上学の諸対象」を把握するためには、「超出（excessus）」は「必要不可欠」なものであり、その働きを担うものこそが、トマスにおいては、「能動知性」だとするのである（116 参照）。

結　論　『世界の中の精神』における日常の中の超越と、日常の中の聖性

『世界の中の精神』におけるトマス解釈において見出された上述のような人間の精神の経験への洞察を基礎として、ラーナーは、後年の『信仰の基礎教程』（一九七六年）においては、「主体に伴っており、非主題的な、あらゆる精神的な認識の行為において共に与えられている、必然的で放棄することのできない、認識しつつある主体に随伴している意識と、その意識のあらゆる可能的な現実性の制限のない広がりへと向かう切り離せない性質」とを「超越論的経験（transzendentale Erfahrung）」と呼んでいる。[24] ラーナーは「非主題的に、留まりつつ支配しているこの超越論的経験」は、「私たちが、まさに神以外のすべての他者について思考し、また神以外のすべての他者と関わるときに私たちがいつも遂行している」ところの「神の認識」なのであり、「そこから明確な宗教的な行為や哲学

的な反省において遂行される主題的な神の認識が目覚めてくるところの持続的な根拠」をなしているとしている。(25) ラーナーによれば、「この超越論的経験のうちで、人間は、私たちが『神』と名づけるかの絶対的な神秘の前へと到る」(26)のである。ラーナーがトマスにおいて見出した、世界の中に他者とともにありつつ、自己へと還帰する人間の精神の超越の動きと、あらゆる認識においてそれに先立って与えられている無制約的な存在そのものの現実性の予握とは、人間にとって形而上学というもの、そして諸宗教における神の認識といったものがそもそも可能であるための、実存論的な根拠をなしていると考えられる。そしてこれこそは、あえて言うならば、すべての人間の日常に、影の形に添うごとくに、つねにすでに臨在している、神の働きそのものなのである。人間のどんなさりげない日常の認識も、ひとつの超越の運動であり、その動きは、存在そのものであり、運動の原理である神ご自身によって支えられてはじめて現実のものとなっているのだということが、『世界の中の精神』の根底にある、霊的な洞察であろうと思われる。

註

(1) イグナチオチオ・デ・ロヨラの『霊操』第四週の「愛に達するための観想」のための「要点」には、以下のように記されている。

「第一要点　神から受けたもろもろの恵み、神が私を創造しあがなってくださったこと、そして私個人に下さった賜物を思い起こす。……

第二要点　神がどのように被造物のうちに住んでおられるかを注意深く見る。存在を与えながら、無生物のうちに住まい、生長作用を与えながら、植物のなかに住まい、感覚作用を与えながら、動物のうちに住まい、思惟作用を与えながら、人間のうちに住んでおられる。従って、私を存在させ、生かし、感じさせ、考えさせながら、私のうちに神が住んでおられる。そして、私を『神聖な威厳に満ちた方』に似せ、その似姿に創られながら、私を神殿とされて、住んでおられる……。

第三要点　神が地上の万物において、どんなに私のために活動し労働しておられるかを省察する。実に神は労働する者のように振舞われるのである。天、無生物、植物、果実、家畜などを存在させ、保持し、生長させ、感覚作用などを与えられながら、神は労働する者のように振舞われることを省察する。それから私自身の裡に感受したことを深く省みる」（イグナチオ・デ・ロヨラ『霊操』門脇佳吉訳、岩波文庫、二〇〇四年、二〇八―二〇九頁参照）。

（2）カール・ラーナー（一九〇四―一九八四年）は、「超越論的神学の方法論を終始一貫した特徴とし、カントの超越論的哲学とハイデガーの実存分析を援用してトマス・アクィナスを新しく解釈することによって伝統的なカトリック哲学・神学の体系の再構築を試み」たとされる（『岩波哲学・思想事典』岩波書店、二〇〇四年、第三刷、一六五七頁の百瀬文晃による解説を参照）。

（3）カール・ラーナー「一カトリック神学者の経験」百瀬文晃訳（『神学ダイジェスト』一〇〇号、二〇〇六年、八―二三頁所収の一七頁を参照）。E・コレットは、ラーナー神学の哲学的基礎について、ジョセフ・マレシャル（一八七八―一九四四年）の著作から、「決定的な影響を受け、これを極めて独自にさらに発展させた」としている（E・コレット「ラーナー神学の哲学的基礎」川中仁訳、『神学ダイジェスト』七八号、七八―八四頁所収の八二頁を参照）。マレシャルの著作は、一九二二年から『形而上学の出発点』と題して全五巻の予定で刊行されたものである。このうち、第五巻『批判哲学とトミズム』（一九二六年）については、ラーナーによる要約が、ラーナー全集第二巻に『世界の中の精神』とともに収録されている。Vgl. Karl Rahner, Sämtliche Werke Band 2 Geist in Welt, Bearbeitet von Albert Raffelt, Benzinger-Herder, 1996. S.373-406.

（4）Vgl. Karl Rahner, Sämtliche Werke Band 2 Geist in Welt, Bearbeitet von Albert Raffelt, Benzinger-Herder, 1996. S.3-300. 以下、この書物からの引用は、丸括弧に頁数にて記す。この書物には、一九三九年の初版のほかに、一九六七

年に出たメッツによる校訂版が存在する。全集版では、その違いを、初版にない部分を括弧に入れて表示したり、巻末の注に付すなどして表示しているが、本稿では基本的に初版の内容に準拠して論じた。また英訳（Karl Rahner, Spirit in the World, Translated by William Dych, S.J., Continuum, 1994.）もあわせて参照した。

（5）ラーナー全集二巻に収録されている Begleittext zu Geist in Welt（431-437）は、正確な執筆日時や成立事情は不明ながら、ラーナー自身によって『世界の中の精神』出版前に前書きの下書きあるいは出版を判断する担当者への執筆意図の説明のために書かれたと考えられる文章であるが、その中で、ラーナーは、「カントとヘーゲルとハイデガー」（432）、「カント、ヘーゲルなど」（434）「カント、ヘーゲル、そして最後にハイデガーも」（435）「カントまたはヘーゲル」（435）など、この三人の哲学者の名前を繰り返し挙げながら、トマス研究者はこうした近代哲学の思想家との共通の哲学的な問いについて対話しつつトマス研究をすすめてゆくべきだとしている。

（6）山田晶『トマス・アクィナスの《エッセ》研究』、創文社、昭和五三年、五八六頁参照。

（7）この点については、たとえば、山本芳久「トマス・スコトゥス・スアレス」『続・ハイデガー読本』法政大学出版局、二〇一六年、秋富克哉、安部浩、古荘真敬、森一郎編、四九頁、稲垣良典『トマス・アクィナス』講談社学術文庫、二〇〇七年、第三刷、四九六―四九八頁および、山田晶『トマス・アクィナスの《エッセ》研究』、創文社、昭和五三年、三一―一〇一頁参照。この問題へのハイデガーの影響については、同書八〇―八一頁、ラーナーの存在（エッセ）解釈については、同書八一―八六頁を参照。ただ同書のラーナーについての記述は、ケラーによる二次文献に依拠しているようである。山田晶は同書において、プラトンやアリストテレスの古代ギリシアの「存在論とは異なり、『何性』quidditas としてのエッセンチアをエッセの限定性としてとらえる」ところに、「トマスの独創性がみとめられる」としている。そして、「エンスとエッセンチアから区別されたこのエッセの概念、しかも区別されながらエンスとエッセンチアとを結合するこのエッセの概念、これに相当するものは、プラトンにもアリストテレスにもない」ことを明らかにするとともに（同書一七頁参照）、「トマスにとって、エッセは、それによって、それにおいて、それのもとに万物を理解すべき光のようなものであり、したがってそれ自身は他の何らかのより根源的な概念によって説明されることができない。エッセが全く無限定的にエッセとしてエッセするのはただ神の場合のみであり、われわれの住む有限の世界においてはエッセは常にあるエッセンティアによって限定されたエンスとしてエッセするのである。同様にわれわれの有限なる知性は、無限のエッセを直接にとらえることは不可能であって、必ず有限のエッセンチアによって限定されたエンスにおいて、そのエンスに即してエッセをとらえるのである」（同書一九頁）としている。また、「トマスのエッセは、トマスの体系の原理としてのエンスとエッセンチアとを結合するとともに分離し、結合し分離しながら両者を動かしてゆく原理として、いわば原理の原理、根原の根原として、彼の体系の全体を越えながらしかもその全体を動かし、のみならず、その体系のすみずみまでも動かしている」（同書一九―二〇頁）と解説している。

（８）山田晶『トマス・アクィナスの《エッセ》研究』、創文社、昭和五三年、八四―八六頁参照。

（９）例えば、トマス・アクィナス『神学大全』第一部第八問第一項を参照。

（10）ここではトマスにおける人間の知性認識の仕組みについての、八十四問以前にすでに議論された内容（特に第一部七十八問第三項、第四項、第七十九問第一―四項、七―八項）が踏まえられていると思われる。それをまとめると、以下のようになる。人間には、感性と知性とが備わっていると考えられており、知性による認識については、以下のような一連の過程を経て成立するものとされている。つまりまず、人間の感性や知性の外部にある、目の前の個別的・可感的な「このもの」（形相と質料からなるもので、可感的であるが、可知的ではない）から、身体の器官と結びついている感覚（sensus）を通して可感的形象（species sensibilis）を受け取り、それを表象力（phantasia）によって、可能的に可知的な心象としての表象像（phantasma）へともたらし、これを現実的に知性認識できるように知性のために現前させ、これを受動（可能）的な知性の働きが受け取りつつ能動的な知性の抽象の働きによって形相を切り離すことで可知的な形象（species intelligibilis）とし、それによって知性が個物のなかの普遍性である「何性」を認識するという一連の過程が、人間の知性認識の道筋として考えられているのである。（トマスにおける上述の知性認識の過程については、山田晶『トマス・アクィナスの〈エッセ〉研究』、創文社、昭和五三年、四二二―四五八頁を参照させていただいた。）他にも、人間の認識能力としては、心象 species を保存する記憶 memoria の能力（七十九問第七項参照）、心象を結合分離してさまざまな心象 species をつくりだす想像 imaginatio の能力（表象力 phantasia と同一のものと考えられる）があるとされるが（七十八問第四項参照）、ここでは、措く。

(11) これは、トマスの問題意識であるばかりではなく、ラーナー自身の問題意識でもあった。このことは、『世界の中の精神』の執筆完了の翌年に、神の啓示の言葉を聴きうる人間のアプリオリな可能性を扱った神学講習会での講義『言葉を聴くもの』（一九四一年出版）が為されたことからも、明らかであろう。Vgl. Karl Rahner, Samtliche Werke, Band 4, Benzinger·Herder, 1997. S.1-281.

(12)『世界の中の精神』の前書きによれば、「第三部はもともと計画されていたものの単なる素描」（5）であるとされ、原書で一六頁ほどである。

(13) Vgl. G.W.F. Hegel, Vorlesungen über die Geschichte der Philosophie, 1, Werke 18, Suhrkamp Taschenbuch Wissenschaft, 1986, S.41-42, 渡邊二郎『英米哲学入門』、ちくま学芸文庫、一九九六年、六〇頁をも参照。

(14) 渡邊二郎「ヘーゲルにおける『意識の超越性』寸描」（『渡邊二郎著作集』第八巻、筑摩書房、二〇一一年、二七五―二九一頁所収）の特に二七六頁を参照。渡邊二郎の研究に従えば、ヘーゲルにおいては、「意識」は「ある制限された個別的対象に向かい、さしあたりはそれを顕在的に意識するが、しかし同時に、その対象の彼方へと、その対象をも超えて進むことができる」と「同時」に、「その制限された個別的対象におのれが関わっていたことを知り、その制限されたおのれをも越えていくという自己意識の側の超越運動の伴われている」ものであり、「対象の超越は自己の超越と結びつき、自己の超越は対象の超越に繋がる。制限された地平を越え出たものがちらりと光を発射して意識の視線を惹きつけるからこそ、意識は超越の運動を開始しえる。しかしまた意識がすでに開かれた地平をみずから予感しているからこそ、超越の運動が行われ得る。超越の運動は、開かれた場面が対象の側に存在すると共に、主観の側での自己超出が決意されることによって、はじめて可能である」と考えられる（同上、二八三頁参照）。

(15) トマスにおいては、神から現実存在（エッセ）をいわば「形相」として与えられて初めて「被造物」たる存在者は現実存在していることができると考えられているため、そこに現実存在するものがあるということそれ自体が、無制約的な神のエッセせしめる働きが、なんらかの本質へと制限された形ではあっても、まさにそこに臨在しているということを意味すると解することも可能であるように思われる。つまり、人間の有限な認識にとって、存在者の現実存在の認識には、その存在者に即した神のエッセとしての存在そのものの非主題的な認識が常に伴っているると考えられるのであり、その意味でも、「存在は第一義的には Beisichsein である」と言いうる。ラーナーは、質料に現実存在のための形相を与える informatio の働きに関連して、事物の現実存在を神が持続的に支えていることについて、「その際、この informatio は、事物の現実存在の開始点において形相を与える生起として考えられてはならない。informatio はむしろ、持続的で新たな、いわば流出する遂行である。というのも、存在者は、持続的に新たに神の創造的な根拠に基づいて立ち現われているからである」(263) としている。

(16) ラーナーにおいては、存在（エッセ）は、存在するもの（エンス）を現実存在せしめている「形相」であると考えられている。トマスは、例えば『神学大全』第一部一四問第二項において、「形相は、質料に存在を与えてこれを完成するかぎりにおいて、或る意味で質料の上にそそがれる。しかしそれ自身において存在を有するかぎりにおいては、自己に戻るのである」とされる（トマス・アクィナス『神学大全Ⅱ』、山田晶訳、中公クラシックス、二〇一四年、一〇六―一〇七頁参照）。

(17) “in hoc enim quod cognoscunt aliquid extra se positum, quodammodo extra se procedunt; secundum vero quod cognoscunt se cognoscere, iam ad se redire incipient, quia actus cognitionis est medius inter cognoscentem et cognitum” (Saint Thomas d’Aquin, De Veritate I, latin-français, Éditions Sainte-Madeleine, 2011, p.189.) 訳文は、『中世思想原典集成　第Ⅱ期1 トマス・アクィナス『真理論』上』、山本耕平訳、平凡社、二〇一八年、八五―八六頁を参照させていただいた。

(18) 『原因論』は、水地宗明によれば九世紀半ば頃にアラビア語で書かれた書物であり、一二世紀後半にラテン語に訳された。中世においてはアリストテレスの著作とされていたものの、実際はプロクロスの『神学綱要』に依拠した著作である。『神学綱要』は、「トマスの友人モルベッカのウイリアムによって」一二六八年にラテン語から訳されており、「この感性的世界の原型でもあるはずの英知的世界の存在構造や、上位者から下位者がいかに〝進出〟し、かつそれへ〝還帰する〟かという力動的実在観の論理を組織的に完結に叙述して、新プラトン派の哲学の主要な一面に最終的な姿を与えた唯一の書物である」とされる（水地宗明「『神学綱要』とプロクロスの哲学」世界の名著一五、中央公論社、一九九八年第七版、七七―八四頁を参照）。

(19) “omnis sciens essentiam suam, est rediens ad essentiam suam reditione completa.”, (Saint Thomas d’Aquin, De Veritate I, latin-français, Éditions Sainte-Madeleine 2011, p.190.)

(20) こうしたラーナーの問題設定には、ハイデガーの『存在と時間』における、「存在了解はそれ自身現存在のひとつの存在規定性」であるという見方の影響が存していると言えよう（Vgl. Martin Heidegger, Sein und Zeit, Max Niemyer, 1993, S.12)。

(21) Ansichとしての存在（エッセ）については、外の世界に現実存在としてある樹木といった自然的な存在についての判断だけではなくて、数学的な真なる命題を「である」と肯定するエッセにおいても、やはりそれが真なる判断である場合には、その判断において理性的な存在者（ens rationis）が、魂のなかで現実態においてそれ自体エッセしていると解されている（vgl.133）。また、「盲目である」というような場合には、トマスでは「視力が欠如している」ということとして捉えられ、盲目が存在（エッセ）しているのではなく、視力の存在（エッセ）が欠如していると捉えられる。したがって、「あらゆる判断」は、「直接的にか間接的にか（entia rationis の場合にも）存在（エッセ）をめがけて進む」のであり、「そうでない場合には、そもそも真なる判断は無い」（134）とトマスでは考えられているとされる。

(22) ここで、ラーナーが指示しているのは、トマス『神学大全』第一部第四十五問第四項の主文である。そこでは、Utrum creari sit proprium compositorum et subsistentium が問われ、主文では、以下のように言われる。“Respondeo dicemdum quod creari est quoddam fieri, ut dictum est (a.2 ad 2). Fieri autem ordinatur ad esse rei. Unde illis propria convenit fieri et creari, quibus convenit esse. Quod quidem convenit proprie subsistentibus: sive sint simplicia, sicut substantiae separatae; sive sint composite, sicut substantiae materiales. Illi enim proprie convenit esse, quod habet esse; et hoc est subsistens in suo esse. Formae autem et accidentia, et alia huiusmodi, non dicuntur entia quasi ipsa sint, sed quia eis aliquid est; ut albedo ea ratione dicitur ens, quia ea subiectum est album. Unde secundum Philosophum, accidens magis proprie dicitur entis quam ens. Sicut igitur accidentia et formae, et huiusmodi, quae non subsistent, magis sunt coexistentia quam entia; ita magis debent dici concreata quam creata. Proprie vero creata sunt subsistentia. (S.th. I. q.45, a.4, corp.)

(23) 周知のように、ハイデガーは、『存在と時間』（Vgl. Marin Heidegger, Sein und Zeit, Max Niemeyer, 1993, 以下、この書物からの引用は丸括弧内にSZに頁数で示す）において、了解が持っている「予」という構造を明らかにし、「了解されたものが、予持のうちに保たれ、〈予視的〉に照準を合わせられると、その了解されたものは、解釈を通じて概念的に把握されるものになる。解釈は、解釈されるべき存在者に帰属する概念性を、この存在者自身から汲み取ることもできれば、あるいは、その存在者がその存在者の存在様式の点では逆らうような諸概念のうちへと無理に押し込むこともできる。……解釈は、そのつどすでに……なんらかの特定の概念性を決めてしまっている。……解釈は、予握のうちに、その根拠をもつのである。或るものを或るものとして解釈することは、予持、予視、および予握によって基礎付けられている」（SZ, 52-53）とした。ここで扱われる能動知性の抽象作用においては解釈は問題とされていないが、ラーナーは、人間の判断作用の根底に、予握の作用を見出し、存在へと向かう実存の構造のうちに、すでに絶対的な存在へと向かう超越の動きがアプリオリに備わっていることを、能動知性の抽象作用の解釈において、露わにしようとしたと言えるであろう。

（24）Vgl. Karl Rahner, Grundkrus des Glaubens, Herder, 1984, S.31. 邦訳は、カール・ラーナー『キリスト教とは何か』、百瀬文晃訳、エンデルレ書店、昭和六三年、第三刷を参照させていただいた。

（25）Vgl. Karl Rahner, Grundkrus des Glaubens, Herder, 1984, S.62-63.

（26）Vgl. Karl Rahner, Grundkrus des Glaubens, Herder, 1984, S.54.

白百合女子大学キリスト教文化研究所　研究プロジェクト「日常の中の聖性」研究会等の記録

・第一回研究会（二〇一五年七月三〇日）
稲葉景「コミュニティの源泉としての聖性――キリスト者としての日常における聖性」
・第二回研究会（二〇一七年二月二八日）
海老根龍介「詩と聖性？：愛・芸術・売春――ボードレールをめぐって」
・第三回研究会（二〇一七年七月二七日）
海老原晴香「カッパドキア教父ニュッサのグレゴリオス著作に見る日常の中の聖性――家庭内修道生活と聖書解釈の実践」
・第四回研究会（二〇一八年二月二七日）
今村純子「「人格と聖なるもの」のゆくえ――シモーヌ・ヴェイユと芸術をめぐって」
・第五回研究会（二〇一八年七月二六日）
上田圭委子「カール・ラーナー『世界の中の精神』における日常のなかの超越」
・キリスト教文化研究所講演会（二〇一八年一一月一六日）
瀬本正之「「エコロジカルな霊性」に息吹かれた「日常の飾らない言動」」
・第六回研究会（二〇一九年二月二六日）
福田　耕介「『わたしが・棄てた・女』における欲望と聖女」

・第七回研究会（二〇一九年七月三〇日）

岩政　伸治「未来と過去を繋ぐもの——ウィリアムス、オバマ、こうの史代にみる被爆の言説」

・第八回研究会（二〇二〇年二月二五日）

石井雅之「キリスト教における贈り物の諸相と贈与の徳——探索のためのいくつかの手がかり」

・第九回研究会（二〇二〇年九月一八日）

釘宮明美「V・E・フランクルの宗教観——「意味」の根源としての「神」」

＊この他に、本学で長年にわたり開講されている宗教講座「創造への道」で、二〇一九年度には「日常の中の聖性」というテーマで以下の内容から成る全八回の講座を実施した。

田畑邦治「近みにある神秘——カール・ラーナーの『日常と超越』に学ぶ」（二〇一九年四月二〇日）

「この一杯のスープ——モーリス・ズンデルの『日常を神とともに』を読む」（二〇一九年一〇月一九日）

星野正道「この世の歴史の決定的な出来事は、歴史書に名の刻まれていない者らの魂が力を及ぼしたもの（十字架の聖テレジア・ベネディクタ）」（二〇一九年六月一日）

「心の貧しい人々は、幸いである、天の国はその人たちのものである（マタイ五・三）」（二〇二〇年一月一一日）

釘宮明美「V・E・フランクルの信仰——「意味」の根源としての神」（二〇一九年七月一三日）

「森有正の信仰——「経験」の地平」（二〇一九年一二月七日）

石井雅之「堪えることのなかに」（二〇一九年五月一八日）

「贈り物のなかに」（二〇一九年一一月九日）

執筆者等紹介（掲載順）

海老原晴香（えびはら・はるか）

一九八一年東京都生まれ。上智大学大学院神学研究科組織神学専攻博士後期課程単位取得満期退学。白百合女子大学カトリック教育センター准教授。専門はキリスト教思想、教父思想。共著に『福音み〜つけた！――「宗教」「倫理」を考えるために　高校編』（燦葉出版社、二〇一六年）、『生命の倫理と宗教的霊性』（ぷねうま舎、二〇一八年）、『*Contribution of Women to Con-viviality: In/Ad Spiration to Convivials*　シリーズ教父と相生２　欧文論集』（教友社、二〇一九年）。

石井雅之（いしい・まさゆき）＊編集担当

一九五八年千葉県生まれ。筑波大学大学院博士課程哲学・思想研究科（倫理学専攻）単位取得退学。白百合女子大学カトリック教育センター教授、キリスト教文化研究所長。専門は西洋古代中世倫理思想史及び倫理学。共訳（分担）『サン・ヴィクトル派とその周辺』（キリスト教神秘主義著作集第三巻、教文館、二〇〇〇年）、共著『カルキディウスとその時代』（慶應義塾大学言語文化研究所、二〇〇一年）、解題・訳注「聖アンブロシウスとマカバイ記の殉教者たちの物語――『ヤコブと幸いな生』第二巻10, 43-12, 58」（『白百合女子大学キリスト教文化研究論集』第一九号、二〇一八年）ほか。

岩政伸治（いわまさ・しんじ）

一九六六年山口県生まれ。上智大学大学院文学研究科英米文学専攻博士課程単位取得満期退学。白百合女子大学文学部英語英文学科教授。専門はアメリカの環境批評、東西の比較的視点からの環境思想。共著に『レイチェル・カーソン』（ミネルヴァ書房、二〇〇七年）、*Mushroom Clouds: Ecocritical Approaches to Militarization and the Environment in East Asia*, Routledge, 2021. 責任編集『環境人文学の地平』（弘学社、二〇一七年）。

今村純子（いまむら・じゅんこ）

一九六七年東京都生まれ。京都大学大学院文学研究科思想文化研究専攻博士後期課程単位取得退学。博士（学術）。白百合女子大学ほか非常勤講師。専門は哲学・美学。著書『シモーヌ・ヴェイユの詩学』（慶應義塾大学出版会、二〇一〇年）。責任編集『現代詩手帖特集版　シモーヌ・ヴェイユ』（思潮社、二〇一一年）。訳書シモーヌ・ヴェイユ『神を待ちのぞむ』（河出書房新社、二〇二〇年）ほか。編訳書『シモーヌ・ヴェイユ　アンソロジー』（河出書房新社、二〇一八年）。

海老根龍介（えびね・りゅうすけ）

一九七〇年東京都生まれ。東京大学大学院人文社会系研究科欧米系文化研究専攻博士課程単位取得退学。パリ第四大学フランス文学・比較文学科博士課程修了。博士（フランス文学）。白百合女子大学文学部フランス語フランス文学科教授。専門は一九世紀フランス文学。共編著『引用の文学史——フランス中世から二〇世紀文学におけるリライトの歴史』（水声社、二〇一九年）、論文「子供・感受性・秩序——後期ボードレールの美学と存在論」（『仏語仏文学研究』、東京大学フランス語フランス文学会、第四九号、二〇一六年）、« L'Esthétique de la foule chez le dernier Baudelaire », *L'Année Baudelaire*, n°23, Honoré Champion, Paris, 2020）ほか。

福田耕介（ふくだ・こうすけ）

一九六四年東京都生まれ。ボルドー第三大学フランス文学比較文学科博士課程修了。上智大学文学部教授。専門はフランス二十世紀小説、特にフランソワ・モーリヤックの研究。遠藤周作の研究にも取り組んでいる。共著に『スタンダール、ロチ、モーリヤック——異邦人の諸相』（朝日出版社、二〇一〇年）、『遠藤周作　神に問いかけつづける旅』（慶応義塾大学出版会、二〇二〇年）、訳書にフランソワ・モーリヤック『テレーズ・デスケルー』（上智大学出版、二〇二〇年）。

稲葉景（いなば・けい）

一九七三年福島県生まれ。上智大学大学院神学研究科組織神学専攻博士後期課程単位取得満期退学。清泉女学院大学看護学部看護学科准教授。専門はカトリックにおける生命倫理、家族倫理。共編著『福音み～つけた！――「宗教」「倫理」を考えるために　中学編』『同　高校編』（燦葉出版社、二〇一六年）。論文「「えらばれた」「いのち」――カトリックにおける出生前診断」（『白百合女子大学キリスト教文化研究論集』第一六号、二〇一五年）、「家庭の本来性とは――『ファミリアーリス・コンソルチオ』における家庭の霊性」（『カトリック教育研究』第二四号、二〇〇七年）ほか。

釘宮明美（くぎみや・あけみ）＊編集担当（責任編集者）

一九六八年大分県生まれ。東京大学大学院人文社会系研究科日本文化研究専攻修士課程修了。白百合女子大学カトリック教育センター教授。専門はキリスト教思想、キリスト教と文学。共著に『キリスト教をめぐる近代日本の諸相――響鳴と反撥』（オリエンス宗教研究所、二〇〇八年）、*Christianity in East and Southeast Asia*, Edinburgh University Press, 2020. 共編著『生きる意味――キリスト教への問いかけ』（オリエンス宗教研究所、二〇一七年）ほか。編訳書『クラウス・リーゼンフーバー小著作集　Ⅰ～Ⅵ』（知泉書館、二〇一五年〔Ⅰ～Ⅴ巻〕／二〇二一年〔Ⅵ巻〕）。

上田圭委子（うえだ・けいこ）

一九六六年香川県生まれ。首都大学東京（現・東京都立大学）大学院人文科学研究科文化基礎論専攻博士後期課程修了。東京都立大学非常勤講師。専門はハイデガーを中心とする近現代ドイツ哲学。論文「ハイデガーにおける存在と神の問題」（首都大学東京課程博士論文、二〇一三年）、「エディット・シュタインのハイデガーとの対決――『存在と時間』における現存在の分析をめぐって」（『上智大学短期大学部紀要』第四〇号、二〇一九年）ほか。

田口博子（たぐち・ひろこ）＊編集協力

白百合女子大学キリスト教文化研究所非常勤助手

日常の中の聖性

発行日………2021 年 3 月 20 日 初版

編　者………白百合女子大学キリスト教文化研究所
（責任編集者：釘宮明美）

発行者………阿部川直樹

発行所………有限会社 教友社

275-0017 千葉県習志野市藤崎 6－15－14

TEL047 (403) 4818　FAX047 (403) 4819

URL http://www.kyoyusha.com

印刷所………モリモト印刷株式会社

ISBN978-4-907991-69-2　C3016